8° Lf 109 48

1848

Portalis

Observations de la cour de cassation sur un projet de loi relatif à l'organisation judiciaire

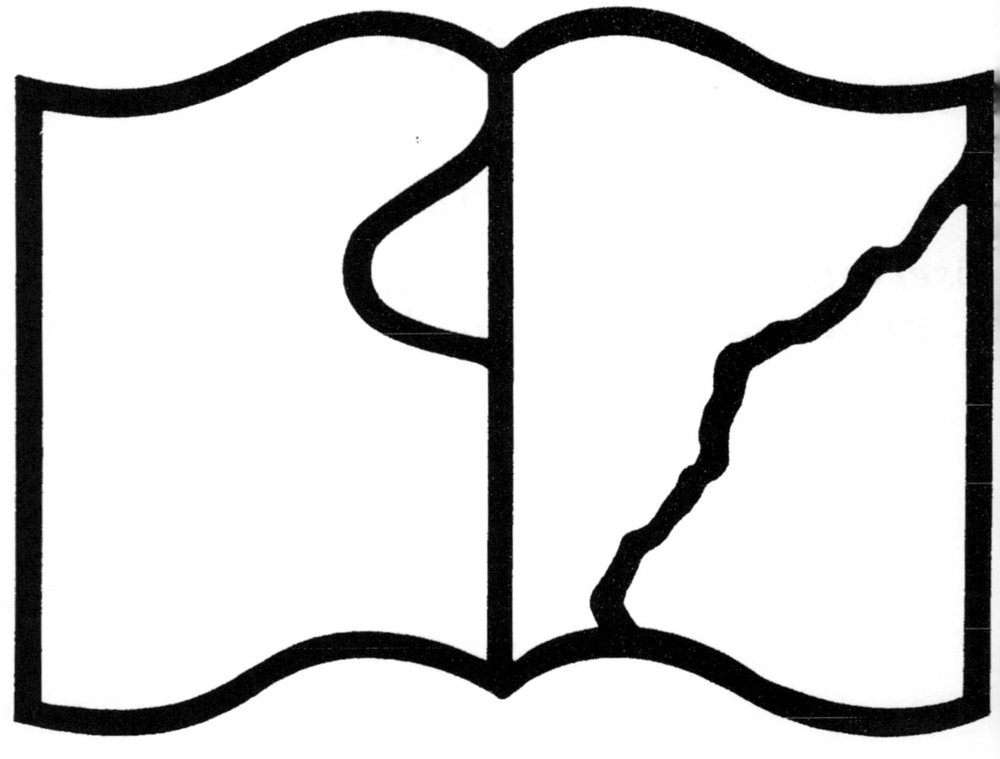

Symbole applicable
pour tout, ou partie
des documents microfilmés

Texte détérioré — reliure défectueuse

NF Z 43-120-11

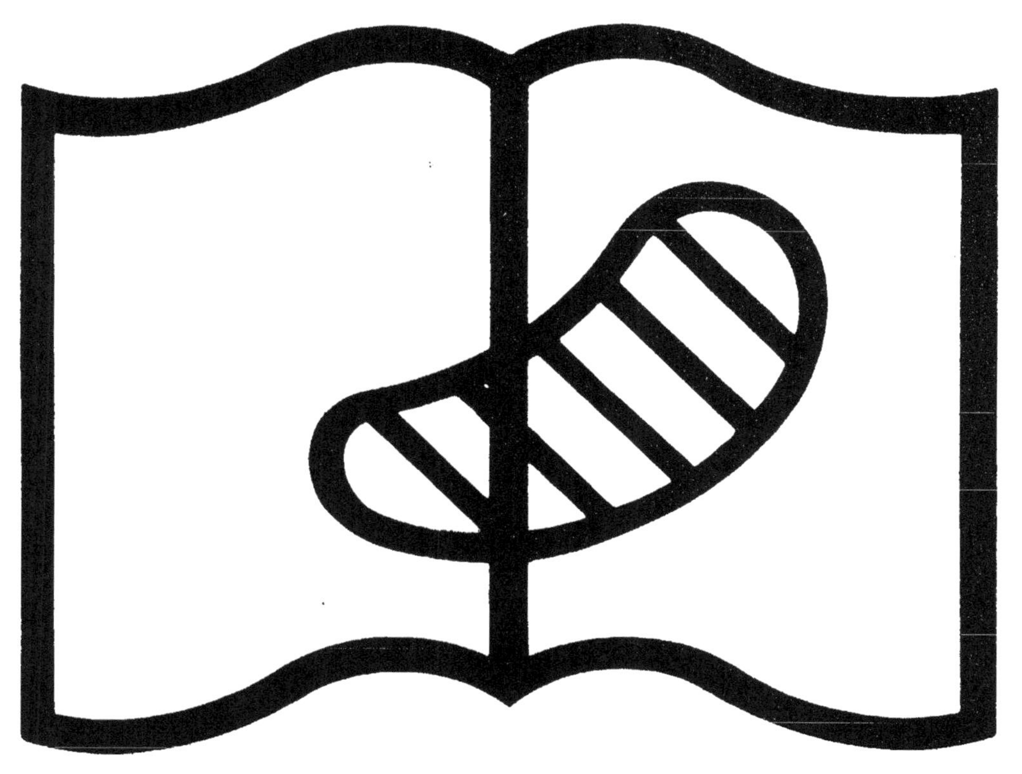

Symbole applicable
pour tout, ou partie
des documents microfilmés

Original illisible

NF Z 43-120-10

OBSERVATIONS

DE LA COUR DE CASSATION

SUR UN PROJET DE LOI RELATIF A L'ORGANISATION JUDICIAIRE.

M. le premier président PORTALIS, rapporteur au nom de la commission.

Un projet de loi sur l'organisation judiciaire, présenté à M. le Ministre de la justice par la commission instituée en vertu d'une décision du Gouvernement provisoire du 2 mars 1848, a été adressé à la Cour de cassation.

M. le ministre de la justice a invité cette compagnie à examiner ce document important et à lui transmettre les observations, fruit de cet examen.

La Cour de cassation, après en avoir délibéré, s'acquitte du devoir qui lui est imposé. Elle répond à l'honorable preuve de confiance qui lui a été donnée par un travail consciencieux. La commission (*) qu'elle a chargée de rédiger ce travail s'est efforcée de le maintenir à la hauteur du sujet. Dans une discussion approfondie, tous ses membres ont mis en commun les résultats de leurs méditations et de leur expérience personnelle.

(*) La commission était composée de M. le premier président Portalis, MM. les présidents Laplagne Barris, Lasagni et Thil, MM. les conseillers Bérenger, Renouard, Miller, Mestadier, Troplong, Pataille, de Crouseilhes, Rocher et Vincent Saint-Laurent; de M. le procureur-général Dupin, MM. les avocats-généraux Nochet, Niclas-Gaillard et Sévin.

1848

Uniquement préoccupés de la grande pensée du bien public, leur attention a toujours été fixée sur la nature, la fonction et le but de l'institution judiciaire. Ce but, qui est la protection de tous les intérêts et de tous les droits, ne saurait être atteint que par une organisation en harmonie avec le principe du Gouvernement, et qui assure à la fois, la bonne administration de la justice, ou le maintien de la liberté civile, et le triomphe de l'ordre public ou le maintien de la liberté politique.

C'est à procurer une organisation de cette nature, à l'ordre judiciaire de la République française, que le projet de loi est destiné.

Répond-il aux espérances qu'il devait faire naître ?

Quel est son esprit ?

Quelles sont ses dispositions ?

Ont-elles pour effet de constituer les institutions judiciaires d'une manière conforme à leur nature, à la fonction qu'elles ont à remplir, à cette partie importante du service public auquel elles doivent pourvoir ?

Quels sont les effets inévitables de ces dispositions ?

Satisfont-elles aux nécessités politiques et sociales de l'époque et du pays ?

Après avoir résolu ces questions, il nous sera facile d'apprécier le système proposé.

Est-il vrai que les circonstances politiques commandent de reconstruire l'ordre judiciaire sur un nouveau plan ?

Sans doute une révolution profonde vient de s'accomplir. Le principe même du Gouvernement a été changé ; les institutions politiques ont disparu dans la tempête. La République a été proclamée sur les ruines de la monarchie. Mais quand l'établissement administratif s'écroulait de toutes parts, les tribunaux ne cessaient pas de remplir fidèlement leur mandat. La dette la plus sacrée de l'État continuait d'être acquittée : le cours de la justice n'était point interrompu. Les magistrats de l'ordre judiciaire immédiatement ralliés au nouveau gouvernement, concouraient légalement et efficacement, sur tous les points du territoire, au maintien de l'ordre social et de la civilisation. Milice civile préposée à la garde des lois, ils ont opposé leurs efforts aux progrès menaçants de l'anarchie, et contribué, pour leur part, à régulariser l'action simultanée et confuse de toutes les libertés.

Sans doute la nature des choses le voulait ainsi.

Les lois civiles sont la véritable constitution des peuples. La société n'existe que sous leur protection; si l'action de l'ordre judiciaire qui les applique et assure, au besoin, leur exécution, à l'aide de la force publique, s'arrêtait complétement, la vie civile serait suspendue. Non-seulement la liberté, la sécurité manqueraient aux citoyens, mais leur ombre même. C'est pourquoi dans les grandes révolutions la chute des institutions politiques n'entraîne jamais fatalement la chute des institutions judiciaires. Clef de la voûte de l'ordre social, l'ordre de justice subsiste le dernier aux jours redoutables où les révolutions transforment la société ou menacent de la dissoudre.

Toutefois la prorogation de son action tutélaire a d'autant plus d'énergie, de durée et d'utilité, que les institutions judiciaires sont organisées avec plus de vigueur, qu'elles sont plus ou moins animées de l'esprit qui vivifie, mieux assorties à l'état des mœurs, et plus étroitement liées aux habitudes des populations.

Tous ceux, remarque un publiciste distingué[1], *qui ont voulu changer l'esprit des nations, se sont singulièrement attachés à organiser au gré de leurs desseins le pouvoir judiciaire;* l'histoire l'enseigne et les philosophes l'ont remarqué.

Mais nous ne vivons plus dans un temps où il appartienne à quelques hommes de disposer de l'esprit des nations. L'esprit des nations, ce sont les idées qui les gouvernent, les sentiments qui les animent, les croyances qui forment leur conviction. Les révolutions de nos jours ne peuvent avoir pour effet que d'assurer le triomphe de l'esprit des nations; les progrès des lumières et de la civilisation ne sauraient être considérés comme non avenus, et ils ne permettent plus, à qui que ce soit, d'imposer aux peuples des institutions que leur conscience repousserait, qui ne répondraient pas à leurs besoins, qui ne seraient pas faites à leur image. — Prétendre imposer à la civilisation une marche rétrograde, serait aussi insensé qu'il serait impie de tenter de la détruire ou de la subvertir.

Quand la révolution de 1789 éclata, l'Assemblée constituante avait pour mission d'asseoir sur de nouvelles bases la constitution de l'État. Les institutions judiciaires étaient en même temps des institutions politiques; on ne put se borner à les réformer, il devint nécessaire de les détruire pour les reconstruire. La royauté les avait appelées à son aide, et, à leur tour, elles avaient mis les rois *hors de page.* L'autorité royale qui les avait créées pouvait, à son gré, les changer ou les modifier. En tête de la hiérarchie, des compagnies

[1] PERGASSE.

puissantes de magistrature participaient à la formation
de la loi, tantôt d'une manière directe, par les arrêts
de règlement, tantôt d'une manière indirecte, par la
vérification et l'enregistrement. Les membres de ces
compagnies, par leur nombre, par leur naissance, par
leurs richesses, par une sorte de droit héréditaire, con-
stituaient dans l'État un élément aristocratique qui
tempérait souvent les abus du pouvoir arbitraire, dans
l'intérêt des peuples, et prêtait au pouvoir un salutaire
appui, dans les temps de trouble. Cette alliance de
l'aristocratie et de la justice ne pouvait se concilier
avec un système de gouvernement fondé sur l'égalité
civile et politique.

La justice ou la juridiction, devenue la propriété du
magistrat qui l'exerçait, ou du seigneur qui la faisait
exercer par un magistrat de son choix, était tombée
dans le patrimoine. L'inégale répartition des tribunaux
et des juges; une multitude de juridictions exception-
nelles; les compétences mal réglées et imparfaitement
définies; de nombreux priviléges d'attribution accor-
dés tantôt aux fonctions, tantôt à la naissance, détrui-
saient la hiérarchie, compliquaient la marche des affaires, rendaient incertain l'exercice des actions, sur-
chargeaient l'État et grevaient les justiciables.

Dans les affaires civiles, l'*instruction, qui est l'âme
des procès*[1], n'était pas toujours publique. Celle des affaires criminelles ne l'était jamais. Les mêmes magistrats
chargés, à la fois, de maintenir l'ordre par la police et
de rendre la justice selon la loi, étaient naturellement
enclins à confondre ce qui de sa nature doit être

[1] AYRAULT.

soigneusement distingué : la prévention et la répression.

Un semblable état de choses était en opposition manifeste avec les maximes constitutionnelles de la monarchie représentative ou plutôt de la démocratie royale de 1791.

Voici quels furent les corollaires de ces maximes en ce qui concerne la puissance de juger.

Au pouvoir législatif seul appartient le droit de constituer les tribunaux.

La loi les investit de la plénitude de la juridiction dans toute l'étendue du territoire.

Aucun juge n'a le droit d'interpréter la loi, de s'écarter de ses dispositions ni de les étendre.

Chargés exclusivement de l'application de la loi, ils ne peuvent en suspendre l'exécution, ni s'immiscer dans l'exercice du pouvoir législatif.

Toute entreprise sur les fonctions administratives est interdite aux tribunaux. Les agents de l'administration ne peuvent être cités, devant eux, pour des faits relatifs à l'exercice de leurs fonctions.

La justice ne peut jamais devenir la propriété ou la prérogative d'aucun citoyen dans l'État.

Elle doit être rapprochée le plus possible des justiciables. Un tribunal siége toujours au lieu où se trouve établi un centre particulier d'administration, en vertu de la circonscription territoriale de l'État.

Le nombre des magistrats de chaque tribunal est proportionné au nombre de la population et à l'étendue du ressort.

Plus de tribunaux d'exceptions proprement dits. Nul citoyen ne peut être distrait de ses juges naturels. Les juridictions spéciales constituées par la loi sont de véritables juridictions de droit commun. L'exception d'où elles procèdent est une règle d'équité. C'est l'application d'une législation spéciale par des juges élus entre les citoyens dont cette législation règle les conventions, protége les intérêts, assure les droits.

La loi même ne peut mettre obstacle à l'exercice du droit de terminer définitivement les contestations par la voie de l'arbitrage.

Elle détermine les honoraires des juges. Ils les reçoivent du trésor public; et la justice est rendue, par eux, gratuitement.

Ils ne peuvent être destitués que pour forfaiture dûment jugée, ni suspendus que par une accusation admise.

Deux degrés de juridiction sont maintenus en matière civile. — Dans l'ancien ordre judiciaire, il y en avait quelquefois jusqu'à six.

L'audience, qui est de *droit naturel*, selon nos vieux docteurs[1], est toujours publique au civil. — La publicité des débats en matière criminelle est constante.

Nul citoyen ne peut être jugé en matière criminelle que par des jurés. Ce principe, base fondamentale de la législation criminelle de tout pays libre, est inscrit dans la constitution.

Les tribunaux de police municipale et de police correctionnelle remplacent les basses et moyennes justices. — Les appels de leurs jugements sont portés devant le tribunal du district.

Le droit sacré de la défense est assuré, et les tribunaux sont chargés de veiller à ce qu'il ne manque jamais un conseil, ou un défenseur à celui qui est appelé devant eux,

[1] AYRAULT.

Auprès du corps législatif, au sommet de l'ordre judiciaire, siége un tribunal suprême associé à l'esprit de la législation. — Il a pour mission d'assurer la soumission de tous les corps judiciaires à la loi, de maintenir l'unité de législation et l'uniformité de jurisprudence, de régler l'ordre des compétences, d'exercer sur les tribunaux un pouvoir censorial et disciplinaire, d'avertir le corps législatif des dissidences qui s'élèvent entre les tribunaux au sujet de l'application des lois et de provoquer son intervention quand elle devient nécessaire.

Ces règles fondamentales de tout ordre judiciaire conforme au droit, ces belles institutions, conquêtes précieuses de la révolution de 1789, vivent encore dans l'organisation judiciaire actuelle. — Nous les groupons à dessein afin qu'on la connaisse avant de la juger et de la condamner.

Nous rappelons les règles et les institutions adoptées à cette époque et qui n'ont pas été conservées, afin qu'on puisse les comparer avec ce qui les a remplacées.

En maintenant l'appel, les lois organiques de 1790 n'établirent pas deux ordres de tribunaux. — L'appel d'un tribunal de district était porté devant un autre tribunal du même ordre.

Les juges élus à temps par le peuple étaient institués par le roi. — La collation de l'institution était forcée. — Le ministère public était scindé. — Un accusateur public nommé par le peuple avait le soin de poursuivre les délits et les crimes dans l'intérêt de la vindicte publique. — La charge de requérir l'observation des lois dans les jugements à rendre, de faire exécuter les jugements rendus, de veiller à la régularité des formes dans le cours d'une instruction criminelle, et de dénoncer soit d'office, soit d'après les ordres du roi, certains délits, était imposée à un commissaire du gouvernement nommé par le roi.

La justice criminelle était complétement distincte et séparée de la justice civile. Il y avait un tribunal criminel par département.

Toute accusation devait être reçue par des jurés : il ne pouvait y être donné suite que quand ils l'avaient admise.

Nous reviendrons plus tard sur ces dispositions auxquelles il a été dérogé par des lois postérieures. Ce qu'il nous importe de constater dès à présent, c'est que les grands principes, les principes éminemment libéraux, unanimement proclamés par les publicistes et les jurisconsultes philosophes du xviii° siècle, consacrés par l'organisation judiciaire qui fut l'expression naïve et la plus avancée de l'esprit général de la révolution, se retrouvent dans l'organisation actuelle de la justice en France.

Nous indiquerons à mesure les développements et l'extension qu'ils ont reçus, et les raisons puissantes qui ont déterminé les législateurs subséquents à dévier, en certains points, du système primordial.

La constitution du 5 fructidor de l'an iii supprima les tribunaux de district. Un seul tribunal civil par département les remplaça. Ce tribunal prononçait en dernier ressort sur les appels et sentences des juges de paix, des arbitres et des tribunaux de commerce. L'appel des jugements du tribunal civil était porté au tribunal établi dans l'un des trois départements les plus voisins.

Pour le jugement des délits dont la peine n'était ni

afflictive ni infamante, il y avait au moins, dans chaque
département, trois tribunaux correctionnels et six au
plus. Le tribunal criminel connaissait de l'appel des
jugements rendus par ces tribunaux. Chaque tribunal
correctionnel était composé d'un président et de deux
juges de paix ou assesseurs de juge de paix. Un président,
quatre juges pris dans le tribunal civil du département, le
commissaire du pouvoir exécutif attaché à ce tribunal et
un accusateur public, composaient le tribunal criminel.

Les principes générateurs du nouvel ordre judiciaire étaient d'accord avec les grands résultats de la
révolution, l'affranchissement des personnes et l'affranchissement du territoire ; l'égalité devant la loi,
l'admissibilité de tous à tous les emplois ; la liberté
civile placée sous l'égide de la liberté politique.

Toutefois, une sorte de confusion et de promiscuité
entre deux ordres distincts de juridiction, l'absence de
toute hiérarchie, le défaut d'unité dans le ministère
public, des attributions trop restreintes et mal définies,
la multiplicité des formes et des nullités embarrassaient
l'action de la justice, nuisaient à son énergie et à sa
dignité, et rendaient sa marche incertaine et inefficace.
L'homme dont le génie pénétrant savait démêler la
nature et les conditions nécessaires de toutes les institutions, et qui, en promettant à la France la *justice*,
l'*ordre* et l'*égalité*, mettait au premier rang la *justice*,
ne pouvait négliger l'ordre judiciaire, le plus ferme
appui de la société. Il céda, et les hommes d'État, les savants jurisconsultes dont il sut si habilement s'entourer,
cédèrent, comme lui, aux leçons de l'expérience. Rejetant ce qu'elle avait condamné, ils s'efforcèrent, en
conservant tout ce qui était substantiel dans l'œuvre des

premiers jours, de consolider, en la perfectionnant, l'organisation judiciaire de l'ère nouvelle. C'est ce qu'ont fait successivement la loi du 27 ventôse an VIII, le sénatus-consulte du 16 thermidor an x, le décret du 30 mars 1808, la loi du 20 avril 1810, et les décrets des 18 avril et 6 juillet de la même année.

Les institutions judiciaires reliées les unes aux autres recouvrèrent ce principe d'unité qui fait leur dignité et leur force. A l'image de l'ordre politique, elles redevinrent une hiérarchie. Ce qu'elles gagnaient en dignité tournait au profit de la protection du faible, au maintien de l'égalité, au triomphe du droit. En même temps, les sérieuses études, indispensables pour former les juges et les jurisconsultes, furent restaurées par la fondation des écoles spéciales de droit. La reconstitution de l'ordre des avocats, et celle des officiers ministériels complétèrent l'établissement juridique.

Ainsi s'évanouirent ces vaines et puériles théories qui proscrivaient la science sous le prétexte banal qu'elle sert quelquefois de voile à une véritable ignorance. On eût dit, selon certains esprits, que les fonctions judiciaires deviendraient assez *simples* et assez faciles pour être exercées par tous les citoyens, lorsque les lois auraient été mises à la portée de tout le monde, et qu'on aurait réalisé la folle prétention de *fondre toutes les idées isolées dans les idées générales*[1]. On oubliait que l'application des axiomes généraux aux cas particuliers, diversifiés par la multitude infinie des combinaisons du fait et du droit, ne pourrait jamais être une opération simple, facile et qui n'exigeât ni méditation laborieuse ni pratique préalable.

[1] ADRIEN DUPORT.

L'union de la justice civile et de la justice criminelle rectifia ce qu'il y avait de confus et d'incohérent dans le mélange accidentel et partiel des magistrats de l'une et l'autre justice.

En possession désormais de la plénitude de la juridiction, la magistrature cessa d'être divisée et par conséquent amoindrie.

Par la forte constitution des cours d'appel, par leur composition d'élite, où se trouvaient réunis des magistrats éprouvés dans tous les degrés de la judicature et expérimentés dans la pratique de l'instruction criminelle, une nouvelle garantie morale et intellectuelle fut donnée aux justiciables.

Dans les villes où siégent ces cours, un public plus nombreux, plus attentif et plus éclairé surveille les magistrats, se préoccupe de leurs arrêts, les avertit ou les encourage par ses frémissements.

Un ordre illustre dans nos fastes judiciaires et célèbre dans nos fastes politiques, le barreau, qui ajoute à la solennité de l'audience par l'éclat du talent et à la sûreté des jugements par la science dont il fait preuve, constitue, auprès des cours d'appel et des cours d'assises, la magistrature toute démocratique de la défense : sorte d'institution intimement liée à notre organisation judiciaire qui verrait bientôt déchoir avec elle sa consistance et son lustre.

L'unité et la centralisation du ministère public donne à la société dans chaque ressort un défenseur responsable, présent, sur tous les points, par ses substituts ou les officiers de police judiciaire, ses subordonnés. — Sa surveillance embrasse tout, et l'action vigilante de la vindicte publique, contemporaine de l'infraction,

constate le délit en saisissant le délinquant sur le fait.
— Son activité arrête ainsi la contagion de l'exemple
et prévient en même temps qu'elle punit.

Par l'établissement d'un tribunal de première instance au chef-lieu de chaque arrondissement commu-
nal, l'administration et la justice rapprochées se prêtè-
rent de nouveau un mutuel appui.

Thouret demandait, en 1790, qu'il y eût au moins
un tribunal par district. — Cette règle salutaire, consacrée par la constitution de 1791, fut remise en vigueur.
— *La justice que*, selon Adrien Duport, *il faudrait
porter au peuple,* fut assez rapprochée des justiciables
pour que chacun eût la possibilité de l'obtenir selon
son droit. — Heureuse combinaison qui crée un foyer
commun de lumières dans les villes où siégent réunies
les autorités auxquelles les citoyens sont obligés de recourir, et qui met à leur portée, avec une grande épargne de temps et d'argent, les conseils et les documents
dont ils peuvent avoir besoin !

Par le lien d'une même discipline qui rattache les
tribunaux inférieurs aux cours d'appel et les uns et les
autres à la Cour de cassation, une solidarité d'honneur,
une sorte d'assurance mutuelle de la dignité et de l'intégrité communes, est fortement constituée.—Elle prête
aux faibles la force des forts. — C'est un joug doux et
léger qui contient sans peser. — Il élève à leurs propres
yeux ceux qui le portent; il ajoute à la puissance de
l'institution qui protége le droit contre l'influence, la
faveur et le pouvoir.

Ces développements de l'organisation judiciaire ont
complété l'établissement de 1789. Ils lui ont acquis le
respect et la confiance des peuples. Au dehors, les États

dans lesquels ont prévalu les tendances libérales et qui ont voulu perfectionner leur ordre judiciaire, ont plus ou moins imité nos institutions. En France, elles ont produit des résultats qu'il est du devoir de la cour, chargée d'exercer la surveillance et la censure sur tous les tribunaux, de constater; puisqu'il est, en son pouvoir, de le faire, avec connaissance de cause. L'intégrité, l'indépendance, la dignité n'ont pas cessé de caractériser notre magistrature. Les révolutions, et avec elles les réactions politiques, se sont succédé. Les partis, tour à tour accusateurs et accusés, dans leurs plus grandes violences, lors même qu'ils cherchaient à s'emparer de toutes les positions, ont attaqué les capacités quelquefois, rarement les mœurs, toujours les opinions, jamais l'intégrité des juges. L'honneur et l'intégrité sont traditionnels dans nos tribunaux; ils se transmettent avec les exemples par une sorte d'enseignement mutuel.

Un ordre judiciaire ainsi organisé et qui produit de tels fruits n'a rien d'incompatible avec les principes républicains, avec une démocratie fortement constituée. *Tous les bons gouvernements ont des principes communs*, disait Mirabeau en 1790, précisément dans les débats sur l'organisation judiciaire; *ils ne diffèrent que par la distribution des pouvoirs*.

Il s'agit en ce moment d'approprier la forme républicaine et démocratique au gouvernement d'un grand peuple, en possession d'un vaste territoire, et de maintenir en même temps l'unité et l'indivisibilité de l'État. Il nous semble que, pour atteindre ce dernier but, il faut des institutions hiérarchiques animées par l'esprit d'association, qui est l'esprit de corps de la démocratie; il faut que la justice soit d'autant plus stable qu'il y a plus de mouvement dans l'ordre politique. Il faut que le corps judiciaire soit assez fort pour protéger l'ensemble des libertés civiles, le foyer domestique, la propriété, la vie privée, et pour demeurer étranger aux luttes politiques. Il doit tenir de la hiérarchie la force de cohésion dont il a besoin, pour représenter son principe, sans nuire à l'unité de direction qui fait la force et la sécurité des États.

Ceci posé, les circonstances politiques ne nous semblent pas commander la reconstitution de l'ordre judiciaire sur un nouveau plan.

Si les circonstances ne rendent point indispensable cette reconstruction, l'intérêt de la bonne administration de la justice réclame-t-il la réformation proposée? Les innovations, ou plutôt le rappel d'institutions essayées et abandonnées ensuite, produiraient-ils des améliorations désirables?

C'est ce qu'il convient d'examiner.

Les partisans d'une réformation radicale proposent trois principales innovations.

L'abolition de l'inamovibilité des juges; leur élection par le peuple; l'introduction du jury dans les matières civiles.

Aucune de ces trois mesures n'est comprise dans les dispositions du projet de loi proposé. C'est un préjugé puissant contre elles; si des réformateurs qui ont adopté, sans hésitation, des réductions si sensibles, des suppressions si considérables, des innovations si contraires aux idées généralement reçues, ont repoussé ces changements capitaux, on doit penser qu'ils ont été frappés, comme nous, des inconvénients, du danger, de l'impossibilité morale et légale de ces changements.

Nous ne croyons pas, néanmoins, devoir nous abstenir d'aborder ces graves questions ; il nous appartient d'examiner si elles sont ou non les conditions nécessaires d'une organisation judiciaire, bonne en elle-même, et qui serait plus particulièrement adaptée au gouvernement libre, républicain et démocratique que doit fonder notre constitution.

Une assertion partie de bien haut a été produite sous la forme d'un axiome. Un axiome est l'expression énergique et abrégée d'une de ces vérités fondamentales qu'on ne démontre pas parce qu'elles sont, à cause de leur évidence, la base ordinaire des démonstrations, ou le dernier mot de l'expérience. L'inamovibilité de la magistrature judiciaire ne pouvait être écartée d'une manière plus péremptoire.

Serait-il donc vrai qu'elle fût incompatible avec la nature du gouvernement républicain ?

Nous ne le pensons pas. Les fondateurs de la liberté française ont jugé qu'elle était au nombre des garanties que le gouvernement libre qu'ils donnaient à la nation, devait assurer aux citoyens, et ce gouvernement, en dépit de l'institution d'un *représentant héréditaire de la nation*, tenait moins de la monarchie que de la République. Selon la loi de 1791, *les juges ne pouvaient être destitués que pour forfaiture, ni suspendus que par une accusation admise.* L'article 216 de la constitution républicaine de l'an iii a consacré, en d'autres termes, leur inamovibilité. La constitution de 1793 qui bornait à une année la durée des fonctions judiciaires, devait naturellement garder le silence sur ce sujet.

Ce fut lorsque l'Empire acheva de se transformer en monarchie absolue, qu'intervint le fameux sénatus-consulte qui ordonna l'épuration des corps judiciaires, et déclara que l'inamovibilité ne serait acquise aux juges qu'après cinq ans d'exercice.

Les Chartes de 1814 et de 1830, en revenant au principe posé en 1791, sont rentrées dans les conditions nécessaires de la constitution du pouvoir judiciaire, dans un gouvernement libre.

Quels seraient donc les motifs qui rendraient l'inamovibilité des juges incompatible avec la République?

Nous comprenons les différences profondes que créent, entre une monarchie et une république, la forme et la constitution diverses du pouvoir exécutif. Nous comprenons que les compagnies de justice établies dans la monarchie pour servir d'accompagnement et d'appui au trône, contre-balancer l'action incessante et ralentir les progrès persévérants des tendances démocratiques, soient bannies de la constitution d'une république. Mais si les anciens parlements pouvaient être rangés dans la classe de ces corps intermédiaires, notre établissement judiciaire n'a rien de commun avec eux, il n'existe, entre eux et lui, aucune analogie.

Un gouvernement est libre ou il ne l'est pas, ou pour parler comme Mirabeau, il existe ou il n'existe pas, car *le despotisme et l'anarchie sont l'absence de tout gouvernement*, et les républiques, dans l'intention de leurs fondateurs, sont le plus libre de tous. Or, si les garanties de liberté politique qui résultent de l'organisation des pouvoirs publics, du droit de suffrage, et de la participation des citoyens aux affaires, s'agrandissent avec la République, la République ne saurait amoindrir, ni restreindre les garanties de liberté civile, assurées, sous la monarchie constitutionnelle, par l'or-

2

ganisation judiciaire. *L'identité du but efface les différences de forme.*

Un magistrat éminent[1] dont l'opinion a de doubles droits à notre respect, reconnaît l'indispensable nécessité de l'inamovibilité judiciaire dans les monarchies tempérées, mais il ne l'admet point dans les républiques ; il craint que l'habitude du pouvoir n'éveille l'ambition des juges et que cette ambition ne mette en danger la liberté publique. Un autre publiciste célèbre, et celui-ci écrivait dans une république, pense au contraire que l'amovibilité des juges n'est propre qu'à exciter en eux des sentiments d'émulation et des espérances d'ambition. BELLOT parlait d'après sa propre expérience et celle de son pays.

A l'autorité si imposante du magistrat, il est nécessaire d'opposer des arguments concluants. C'est lui-même qui nous les fournira. *Celui qui dispose des juges est,* dit-il, *facilement soupçonné de disposer des jugements ; comment l'homme isolé, l'homme que rien ne recommande luttera-t-il au besoin contre un adversaire qui a dans sa main les destinées de celui auquel il demande justice ; et le juge lui-même, quelle serait sa position, si son existence pouvait être à tous les instants compromise, par l'intrigue ou par la calomnie? Croit-on que dans un tel ordre de choses, il y ait sûreté, sécurité pour les justiciables, confiance des citoyens dans l'exacte et consciencieuse application des lois ?*

Telles sont les raisons alléguées pour le maintien de l'inamovibilité dans la monarchie. Que peut-on dire de plus fort pour son maintien dans la République?

[1] HENRION DE PANSEY.

Cette ambition redoutable pour la liberté publique, que l'inamovibilité peut réveiller dans l'âme d'un juge, c'est sans doute l'ambition politique ; mais cette ambition, l'inamovibilité est propre à l'anéantir et l'amovibilité à l'exciter. Le désir impatient d'échanger une position précaire et quelquefois humble et modeste, contre une position politique, qui ouvre de vastes chances d'avenir, s'allumera bien plutôt dans le sein d'un juge amovible, sans cesse menacé de perdre sa place, que dans l'âme d'un magistrat dont le sort est assuré.

On dit que dans une monarchie, il y a un *prince et une cour* et par conséquent *des intrigues et des grands que leur naissance, leurs dignités et leur service auprès du prince associent au pouvoir suprême* et qu'ils peuvent abuser de leur influence sur des juges amovibles. Soit. Mais dans une république n'y a-t-il point d'intrigues ? Les élections sont-elles exemptes de brigues ? n'y a-t-il pas des partis politiques, des *clubs*, des orateurs, des journalistes ? La puissance du nombre, la publicité et la périodicité des journaux, la violence des passions, les commandements impérieux de certaines opinions, ne menacent pas autant l'indépendance des juges amovibles que peuvent le faire ailleurs les intrigues des grands, et les influences de cour ? Si ce n'est pas trop de l'inamovibilité pour protéger l'indépendance des tribunaux dans une monarchie, nous n'oserions affirmer qu'elle soit complétement suffisante pour la protéger, sous le régime républicain.

Ce n'est pas ici le lieu d'assigner par une analyse philosophique l'origine, la nature et la fonction du pouvoir judiciaire dans la société. Il doit nous suffire d'indiquer que la souveraineté est répartie, dans chaque État, entre trois sortes de pouvoirs publics. Celui qui poursuit et qui punit les crimes, qui termine les différends, qui maintient la propriété, les droits civils, civiques, et de famille, la *puissance de juger* en un mot, est un de ces pouvoirs.

L'indépendance du pouvoir judiciaire ne s'est pas toujours présentée à l'esprit des peuples comme une nécessité sociale. Il a été souvent confondu avec le pouvoir politique, ou envisagé comme un de ses attributs. Encore aujourd'hui parmi nous, un assez grand nombre de publicistes le considèrent comme une branche du pouvoir exécutif.

La notion exacte de la justice, de cette puissance impartiale et libre, qui s'interpose entre tous les intérêts et tous les droits pour les rappeler tous au respect des lois, n'a trouvé place qu'assez tard dans la constitution des États libres, et cependant elle fait une partie essentielle et intégrante de la liberté.

Pour que la liberté soit assurée, deux choses sont également nécessaires : la séparation absolue de tout pouvoir politique et administratif de la puissance judiciaire, et l'indépendance absolue de la puissance judiciaire.

La permanence, dans les mêmes mains, du pouvoir de juger, ne saurait être redoutable pour la liberté qu'autant que la police civile et politique, la police *proprement dite*, serait confiée aux tribunaux ; s'il leur était permis d'entreprendre, par voie de règlement ou autrement, sur les matières administratives ; et de s'arroger sur les agents du pouvoir exécutif un droit de surveillance et de contrôle. Un tel état de choses nuirait à l'unité d'action du gouvernement et créerait dans l'État un dualisme funeste. — Cette permanence serait périlleuse encore si les juges pouvaient, dans leurs jugements, s'écarter du texte précis de la loi, s'ils pouvaient l'interpréter ou ajouter à ses dispositions. Ils seraient alors investis d'une puissance arbitraire, et on vivrait dans la société sans savoir précisément les engagements que l'on y contracte. Mais si les juges ne sont que la vive voix de la loi, s'ils ne peuvent, sans excès de pouvoir, substituer leur décision à celle du législateur ; si la constitution de l'État trace autour d'eux une limite infranchissable ; si elle institue une autorité spécialement chargée de les maintenir religieusement dans la sphère qui leur est assignée, on sera forcé de convenir que, sous un régime de publicité, sous la surveillance de l'opinion, sous la pression des mœurs, la permanence, dans les mêmes mains, du pouvoir de juger, n'a rien de menaçant pour les citoyens, rien qui résiste aux principes d'un gouvernement libre. Conforme à l'esprit de ce gouvernement, si elle est la meilleure sauvegarde de la justice, elle conviendra d'autant plus à une république, que la démocratie véritable doit être par excellence le règne du droit.

Or, l'inamovibilité de la magistrature judiciaire est la principale condition de son indépendance, et l'indépendance du juge répond seule de son impartialité, de son instruction ou de ses lumières, de sa dignité ou de ses mœurs.

La condition la plus nécessaire de la bonté des jugements, c'est l'intégrité, l'impartialité du juge. Un jugement, en effet, doit être la déclaration de la vérité. La vérité est une. Pour que le jugement l'exprime, il faut que le juge envisage les faits et les questions qui lui sont soumis sous toutes leurs faces, sans préoccupation, sans prévention, sans préjugé. Il faut qu'il soit parfaitement intègre et impartial.

La condition indispensable de l'impartialité du juge est son indépendance. Il ne saurait tenir la balance d'une main ferme, s'il n'a le complet usage de son libre arbitre; si sa main, mue par sa volonté propre, par sa volonté seule, n'obéit pas exclusivement à l'impulsion de sa conscience, éclairée par sa raison.

Mais pour que la raison du juge conserve sa droiture, il est nécessaire que sa conscience, en garde déjà contre ses propres passions, ne soit point troublée par les passions d'autrui; pour que sa volonté obéisse fidèlement à sa conscience pure et éclairée, il doit être en pleine possession de son indépendance; sa sécurité dans l'exercice de ses fonctions doit être entière.

Cette sécurité ne saurait exister s'il n'est inamovible sur son siége, si son état et son existence peuvent être compromis, à chaque instant, par son intégrité même.

Le juge, inamovible dans la sphère tranquille et sereine où le place le privilége de son office, sans souci de la veille, sans crainte de l'avenir, ne trouve dans sa position rien qui trouble son esprit, qui puisse fausser sa conscience.

Le juge amovible, au contraire, est évidemment dans la main de celui qui l'a institué et qui peut le révoquer. Il dépend d'un pouvoir politique, soit le peuple, soit la puissance exécutive. Il est dès lors ému par toutes les passions, soumis à toutes les agitations politiques, suites nécessaires, dans un État libre, du balancement des partis d'où naissent le maintien de la liberté et l'équilibre des pouvoirs publics. En supposant que le juge soit l'homme inébranlable qui ne transige jamais avec le

devoir, qui affronte d'un œil résolu la chute du monde
plutôt que de violer la justice ; en supposant que tous
les juges soient de tels hommes, il faut encore que
les justiciables aient de leur vertu cette opinion ; car,
s'ils ne l'ont pas, il y a garantie certaine contre l'in-
justice des jugements, mais garantie insuffisante, parce
qu'elle serait méconnue.

Il est bon, sans doute, que les jugements soient
justes, mais il est nécessaire qu'on ait l'opinion qu'ils
le sont. C'est cette opinion qui fait la force et l'autorité
de la chose jugée. Comment espérer que l'opinion si
jalouse et si défiante du pouvoir, lors même qu'aucune
présomption ne justifie le soupçon, quand toutes les précautions légales sont prises pour la rassurer, acceptera
sans contradiction la supposition indubitable de l'indépendance du juge, lorsque, sa situation précaire et dé-
pendante, protestera, sans cesse, contre cette supposition ?

Si l'innocence est toujours présumée, en est-il de
même de la vertu ? Le devoir du législateur n'est pas
seulement de prévenir le crime en réprimant les mau-
vaises habitudes, en décourageant le vice, en entourant
l'infraction des lois, d'obstacles qui arrêtent la faiblesse
et avertissent la perversité ; il est nécessaire aussi qu'il
soutienne, par ses institutions, cette religieuse fidélité
au devoir qui doit s'élever quelquefois jusqu'au sacrifice ; il importe surtout qu'il ne place jamais les
hommes, appelés à de hautes et redoutables fonctions,
dans ces situations, fausses et périlleuses, qui donnent
les sollicitations insidieuses de l'intérêt personnel, pour
auxiliaires à la corruption.

Mais l'inamovibilité du juge est la condition de son

instruction et de ses lumières, comme elle est l'indispensable garantie de son intégrité.

Le droit est une science, on ne saurait le contester.
C'est la première et la plus utile de toutes dans la vie
civile : car c'est la science des lois qui régularisent la
famille naturelle, fondent la famille civile, règlent et
garantissent le droit de propriété. Nul n'est censé ignorer la loi, mais le juge doit positivement la savoir, car
il est chargé de l'appliquer. Le peuple électeur ou le
pouvoir exécutif qui nomme et institue, peuvent bien
conférer les fonctions, mais ils ne peuvent conférer les
lumières nécessaires pour les bien exercer.

L'étude approfondie du droit demande plusieurs
années. L'enseignement du droit naturel ou des sources
de toute législation civile ; l'enseignement du droit public ou des devoirs du citoyen et de ses rapports avec
la société et les pouvoirs qui la représentent, exigent
au moins une année.

La connaissance des textes, l'explication, l'interpré-
tation de leur sens littéral par l'esprit de la législation,
la pratique du droit civil, la connaissance du droit
commercial, criminel, administratif, des règles de la
procédure, ne peuvent être acquises, même superfi-
ciellement, en moins de deux années.

Si l'on ajoute comme complément nécessaire de ces
études, celle du droit international, de la législation
comparée, de l'histoire et de la philosophie du droit,
qui sont comme le couronnement de la science du
magistrat, on verra que quatre années seront facilement absorbées par les études auxquelles il est désirable
que se livrent ceux qui aspirent à de si importantes
fonctions.

Nous voilà sans doute bien loin de l'opinion hasardée avec tant de témérité, par certains esprits, contempteurs du passé, ou plutôt du présent et de l'avenir, qui voudraient abolir la jurisprudence, ou la transformer en pure routine, et qui auraient voulu exclure des fonctions judiciaires les hommes attachés par état, et à cause de leur profession, à l'application des lois, de crainte qu'ils n'érigeassent l'objet de leurs études habituelles en une science compliquée. Nous croirions calomnier notre temps et notre pays, si lorsque le besoin de la diffusion des lumières se fait de plus en plus sentir, lorsque de nouveaux établissements d'instruction publique sont réclamés de toutes parts, quand de nouveaux canaux, ouverts chaque jour, la distribuent, avec abondance, et, vont la porter jusque dans les profondeurs de la société, nous nous arrétions à démontrer la convenance et la nécessité de ne confier, qu'à des hommes, profondément instruits, le devoir de rendre la justice.

Ce n'est pas tout encore; après ces longues et sérieuses études, il faut un temps d'épreuve, une école d'application, un stage : car il ne suffit pas d'être initié à la science, il faut encore être familier avec l'art, et la pratique. Le stage proprement dit, la fréquentation des audiences des tribunaux, des conférences ouvertes par les conseils des avocats, du cabinet des jurisconsultes ou de l'étude des officiers ministériels, réclament un temps assez long si l'on veut qu'ils soient profitables.

Dans un pays où règne l'égalité civile, où triomphe l'égalité politique, où tous sont également admissibles à tous les emplois, lorsqu'il n'y a plus de présomption légale d'aptitude, ni de capacités par privilège, comment espérer que des jeunes gens se consacreront à de longs

travaux qui consumeront une partie si précieuse de leur
vie, que les pères de famille destineront leurs fils à une
carrière dont l'entrée est si difficile, dont les prélimi-
naires sont si laborieux, s'ils n'ont en perspective les
uns et les autres pour prix de tant de dépenses, de
temps, de sacrifices de tout genre, que la possession
précaire d'une fonction qu'ils auront la crainte de se
voir enlever à chaque instant ? Eh quoi! voués à une
profession que les Romains, ces grands maîtres de la
vie civile, assimilaient à la profession militaire (*quasi
castrense*), après avoir conquis leurs grades, exercé
les emplois les plus élevés, il se pourrait que de leur
jeunesse évanouie et de leur âge viril consacré au service de la patrie, il ne leur restât pas même un état ?
Encore s'ils pouvaient comme ces jurisconsultes vété-
rans de l'ancienne Rome, sortis des fonctions publiques et retirés des affaires, élever dans le sanctuaire
domestique, un tribunal fréquenté des citoyens, dont
les sentences, plus tard recueillies, devenaient comme
la semence des lois, cette magistrature privée leur as-
surerait un honorable avenir, mais la division des propriétés, la modicité du patrimoine, notre régime d'égalité, la modestie des rétributions, accordées aux juges,
excluent ces grandes existences qui ne sont plus en
rapport avec nos sociétés modernes et que nous ne devons pas regretter.

En l'absence de l'inamovibilité, il est permis d'affirmer que les juges auront rarement une instruction
suffisante, qu'elle sera mal assurée, que le niveau des
connaissance spéciales sera peu élevé et que les hautes
et profondes lumières ne brilleront que par exception.

Mais l'instruction ne suffit pas au magistrat, il lui

faut encore la dignité et les mœurs. Quand on dit que la judicature est un sacerdoce, on n'emprunte pas à la rhétorique une vaine métaphore : on exprime une chose vraie. Chez beaucoup de peuples le sacerdoce de la Divinité et celui de la justice sont réunis.

Aux études sérieuses que nous venons d'indiquer, il faut donc que celui qui aspire à la magistrature judiciaire, ajoute les habitudes d'ordre et de régularité, favorables à ces études; qu'il se forme aux devoirs de l'état qu'il ambitionne, par des mœurs graves et simples, par une vie passée dans le silence du cabinet, ou sérieusement employée sous les regards du public. Ce stage moral et sévère, cette vie de sacrifice et de dévouement peut-on y compter, si on ne les encourage par de grandes espérances ?

Il est incertain qu'on obtienne le siége de magistrat, mais encore faut-il, si on l'obtient, qu'on soit certain de le conserver aussi longtemps qu'on aura vécu sans reproches et qu'on n'aura pas été convaincu d'avoir violé ses devoirs, ou manqué d'une manière irréparable à la dignité de son caractère.

On n'aura de magistrats dignes de ce nom et de la confiance du pays que sous la condition de l'inamovibilité. L'admissibilité de tous à tous les emplois n'est pas seulement le droit de chacun, mais une garantie accordée à l'intérêt de tous. Établie pour qu'aucune exclusion légale ne prive la société des services d'aucun de ses membres éminents ou capables, elle recommande les institutions qui ont pour effet de procurer, pour tous les emplois, des hommes en état de les remplir. S'il est juste et convenable que les plus capables puissent se faire jour et parvenir, ce n'est pas seulement à cause d'eux,

mais à cause du public dont ils feront les affaires ; les
choses doivent donc être disposées de façon à ne point
détourner d'entrer, dans la voie qui conduit aux fonctions judiciaires, ceux qui ont la conscience de leur
force, et, à susciter des capacités.

L'inamovibilité peut être temporaire ou viagère, selon que le juge est élu pour un temps ou qu'il est nommé
à vie. — Temporaire, elle est bonne ; viagère, elle est
meilleure : elle est toujours indispensable.

Le juge à temps n'est pas tout à fait inamovible.
Il est amovible à échéance fixe. L'avantage que la société retire de son inamovibilité décroît avec le nombre
de jours qui suivent sa nomination. Il y a peu de fond
à faire sur la garantie qu'elle procure quand il appro-
che du terme, et que le moment où il pourra être réélu
est voisin. Cette garantie est de celles qui diminuent
avec le temps.

Que les juges soient élus par le peuple ou qu'ils soient
nommés par le pouvoir exécutif, les inconvénients de
l'amovibilité sont les mêmes. Dans les deux hypothèses,
ils sont dépendants, et toutes les fois que des intérêts
privés sont opposés à l'intérêt de l'État ou des établissements publics, ils peuvent être soupçonnés de n'être
pas suffisamment neutres. Dans la première hypothèse,
ils dépendent des électeurs dont ils ont obtenu et dont
ils espèrent encore les suffrages ; dans la seconde, ils
dépendent du pouvoir qui les a nommés et qui pourra
les confirmer. Cette dépendance alternative n'a rien de
rassurant pour les justiciables, elle est dégradante pour
l'institution, fatale à la justice ; dans une de ces deux
suppositions, elle est favorable à l'influence et aux ma-
nœuvres des partis ; dans l'autre, aux abus de pouvoir.

On dira sans doute que les juges seront des hommes libres, probes, ayant le sentiment du devoir. Mais si cela est ainsi, il n'y a nul danger à les rendre inamovibles : c'est donc toujours le plus sûr.

Nous serions infinis si nous prétendions épuiser ce que l'on peut dire en faveur de l'inamovibilité des juges.

On a prétendu que le pouvoir exécutif élu à temps ne pouvait conférer des fonctions à vie. Nous ne comprenons pas bien l'objection. Elle nous semble reposer sur une confusion d'idées. Le pouvoir exécutif, quand il nomme des juges, ne leur délègue point la juridiction : il ne saurait déléguer un droit ou un pouvoir qu'il n'a pas : la puissance de juger. Il est purement et simplement électeur ; il est investi par le peuple du droit de choisir ceux qui rendent la justice en son nom. On comprend que s'il déléguait une partie de ses propres pouvoirs, comme il ne les possède que pour un certain temps, il ne pourrait les déléguer pour un temps où il ne les posséderait plus. Mais la durée du pouvoir d'élire ne saurait influer sur la durée des fonctions conférées par l'élection ; si les électeurs étaient capables au jour de la nomination, la nomination faite est valable, et la durée des fonctions ne saurait dépendre de la durée subséquente plus ou moins longue, de la capacité électorale de ceux qui ont charge d'élire. On ne saurait donc contester raisonnablement au pouvoir exécutif nommé à temps la capacité et le pouvoir de nommer des juges à vie.

Voilà pour le droit.

En fait, l'inamovibilité des officiers de justice a passé dans nos mœurs ; elle remonte parmi nous au commencement du xive siècle. Bodin la proclame *un des plus beaux fondements de l'ancienne monarchie*. Nous avons rappelé qu'elle a été maintenue et consacrée depuis la révolution, lors même que les juges élus par le peuple n'étaient investis que de fonctions temporaires.

Un savant magistrat de la Cour de cassation, membre influent et distingué de l'Assemblée constituante, de la Convention nationale et du conseil d'État impérial, qui avait pris, une grande part, à la reconstitution de l'ordre judiciaire successivement opérée durant la révolution, et dont les sympathies pour les changements accomplis et les idées nouvelles ne sont point douteuses, a constaté les inconvénients graves qui avaient suivi l'établissement d'une inamovibilité imparfaite et temporaire. Voici comment s'exprimait le procureur général Merlin sur cette matière, le 22 messidor an ix, devant la Cour de cassation :

« Nous osons le dire, citoyens magistrats, un pareil jugement (le jugement dont on demandait la cassation) ne peut être attribué qu'à la *dépendance* dans laquelle, à l'époque où il a été rendu, les magistrats se trouvaient encore de *l'opinion de leurs justiciables* et au *besoin qu'ils avaient de leurs suffrages pour être réélus* à l'expiration des cinq ans fixés à l'exercice de leurs fonctions. Jamais *des erreurs aussi graves* n'auraient été sanctionnées par des *juges inamovibles*, c'est-à-dire, par des juges tels que *l'expérience nous a fait sentir que doivent être les fonctionnaires chargés de tenir la balance entre tous les intérêts litigieux.* »

En Angleterre, les juges étaient institués avec la clause : *quamdiù benè se gesserint* qui emporte une sorte d'inamovibilité conditionnelle. — Récemment de nouveaux statuts ont rangé encore de plus près le principe de l'inamovibilité.

A Naples, une loi du 29 mai 1817 est entrée dans le système du sénatus-consulte impérial dont nous avons rappelé les dispositions. Elle déclare les juges inamovibles après trois ans d'exercice. Ils reçoivent à cette époque un décret de nomination à vie, et ne peuvent être ensuite privés de leurs fonctions que par un jugement.

Dans les républiques des États-Unis, le juge ou le magistrat une fois institué est considéré comme inamovible. Les Américains ont conservé la formule anglaise.

La constitution de l'État de New-York, porte que *le chancelier, et les juges de la Cour suprême, conserveront leurs fonctions tant qu'ils les rempliront bien : during good behaviour*. Les mêmes expressions se retrouvent dans la constitution de l'État de Maryland et dans la constitution fédérale des États-Unis. C'est la formule usitée en Amérique pour indiquer que les juges ne sont pas révocables, et qu'ils ne peuvent perdre leur place qu'en vertu d'un arrêt. Notre inamovibilité ne va pas au delà.

L'auteur américain d'un commentaire très-estimé de la constitution nationale des États-Unis, M. Story, fait observer que dans une république les factions sont plus fréquentes que dans une monarchie, et que le premier de ces États a un besoin plus impérieux de l'inamovibilité des juges pour les soustraire à l'influence des factions.

A ceux qui réclament l'élection des juges par le peuple, nous ferons observer que l'élection populaire appliquée à l'organisation judiciaire, est une de ces erreurs échappées à l'Assemblée constituante, que le temps et l'expérience ne tardèrent pas à faire sévèrement juger. — En thèse générale, le peuple ne doit se réserver de faire par lui-même que ce qu'il peut bien faire, que ce qu'il peut faire mieux que ses délégués. Le suffrage universel, qui est le fondement des institutions démocratiques, est excellent, quand le peuple ne prononce que sur des choses qu'il ne peut ignorer et sur des faits qui tombent sous les sens. Les conditions d'aptitude et de capacité qui doivent se rencontrer dans un juge sont-elles de ce nombre?

Le peuple pourra-t-il les connaître mieux que les magistrats en exercice et les assemblées provinciales, qui présentent en Belgique les listes de candidats sur lesquelles le roi choisit les conseillers des cours d'appel, les présidents et vice-présidents des tribunaux de première instance? L'intervention de l'ordre des avocats, appréciateurs naturels de ceux qui fréquentent le barreau, n'aura-t-il pas quelque avantage sur le vote de l'universalité des électeurs dans des nominations de ce genre?

Le gouvernement, dont la surveillance embrasse tout : la justice, l'administration, l'instruction publique, la police, les mœurs : — le gouvernement, centre du pays et auquel aboutissent de tous les points du territoire, les rapports d'un nombre infini d'agents et de délégués : — le gouvernement, dont la sollicitude recueille incessamment tout ce qui peut l'éclairer dans ses choix, n'est-il pas meilleur juge que les électeurs, de l'aptitude d'un citoyen qu'il s'agit d'introduire dans la carrière judiciaire? Il en serait autrement peut-être si l'on procédait à une réélection ; le peuple pourrait,

en ce cas, ne pas ignorer qu'un *juge est assidu, que
beaucoup de gens se retirent de son tribunal contents
de lui, qu'on ne l'a pas convaincu de corruption.* C'en
est assez, selon MONTESQUIEU, pour qu'il élise un préteur.
Toutefois nous croyons avoir le droit d'être plus exigeants.
L'assiduité est sans doute une qualité louable dans un
juge ; mais il en est d'autres non moins essentielles. Tous
ceux qui gagnent leurs procès se retirent contents de
l'audience ; cela ne prouve rien pour le mérite des juges,
ou cela prouverait trop. Nous ne saurions croire qu'on
soit digne d'être magistrat par cela seul qu'on n'a pas
été convaincu de corruption ; il faut aujourd'hui en
France plus de probité, de délicatesse, d'honneur et
d'intégrité dans les mœurs pour être juge.

La grande voix du peuple saurait bien désigner, sans
doute, les magistrats les plus vertueux, les plus expérimentés ; comment discernera-t-elle les motifs de préférence entre de simples stagiaires ? Il faut peser le mérite,
comparer les lumières, scruter la conduite privée durant
le cours d'une vie cachée et modeste : sont-ce là des faits
dont, pour parler avec MONTESQUIEU, le peuple s'ins-
truise mieux dans la place publique qu'un magistrat politique au fond de son cabinet ?

Le sentiment général répugne à la nomination des
magistrats par l'universalité des Français. Aussi ceux
qui demandent l'élection populaire sont-ils divisés : les uns
réclament pour les tribunaux l'élection à deux degrés de
la constitution de 1791, les autres des électeurs spéciaux.

Nous pensons que l'élection directe est un mauvais
moyen de recruter les tribunaux.

MONTESQUIEU lui-même qui attribue au peuple une
capacité naturelle pour discerner le mérite, déclare que

c'est le suffrage par le *sort* qui convient le mieux à la démocratie, et que, comme le sort est *défectueux par lui-même,* c'est à le régler et à le corriger que les grands législateurs se sont surpassés. Il fait remarquer que dans quelques républiques, pour corriger le sort, le peuple ne pouvait élire qu'entre certains candidats, et encore celui qui était élu devait être examiné par des juges et pouvait être rejeté comme indigne : l'imperfection du système de l'élection ne saurait être mieux démontrée.

Au reste, les magistrats nommés par le peuple seraient les mandataires d'un parti. Sortis des rangs de la majorité dominante, ils ne donneraient pas, à la minorité, une sécurité nécessaire, l'universalité des citoyens ne serait point rassurée sur leur impartialité.

L'introduction du jury dans les matières civiles proposée, avec chaleur et soutenue avec talent, à l'Assemblée constituante, fut écartée après une savante et brillante discussion. On se prévaut de ce que THOURET qui contribua puissamment à la faire repousser, ne la rejetait pas d'une manière absolue : il disait seulement que *le moment n'était pas venu d'en faire un établissement général.* C'est qu'il s'agissait alors avant tout d'un établissement bien autrement important, de l'introduction du jury dans les matières criminelles, et qu'on voulait l'obtenir à tout prix.

Il n'existe à vrai dire aucune connexité, aucune analogie véritable entre le jury au civil et le jury en matière criminelle. Il importe peu qu'ils aient la même origine; ce n'est pas son origine qui rend le jury au criminel recommandable, c'est sa signification, c'est son action politique.

Le jury tel que nous le possédons, c'est l'intervention du peuple dans les jugements qui intéressent la sûreté de l'État, l'ordre public, la liberté, l'honneur, la vie des citoyens. C'est la société statuant elle-même sur les accusations intentées contre les violateurs des lois qui protégent et maintiennent la société. Ce sont des citoyens tirés du corps du peuple, dans certains temps de l'année, et, de la manière prescrite par la loi, pour prononcer sur la culpabilité de leurs concitoyens accusés de crimes privés ou publics. *Le jury est une institution, sans laquelle*, disait ROYER-COLLARD, *un peuple ne s'appartient pas à lui-même, et qui le met en possession du droit d'exercer directement la puissance de juger :* c'est double garantie accordée à l'État et aux particuliers pour la conservation des droits de tous.

Partout, où l'institution du jury, en matière criminelle, existe, la part, qui peut et doit revenir au peuple dans la distribution de la justice, est faite.

Les partisans les plus avancés de la démocratie repoussèrent en 1793 le jury civil. Ceux qui le soutenaient à cette époque ne le réclamaient point comme un des éléments nécessaires d'une société démocratique.

Nulle analogie n'existe entre le jugement des délits et celui des procès civils. Dans ces derniers débats l'intérêt public et privé réclame d'autres garanties. Il n'est plus à craindre, comme en matière criminelle, que l'exercice habituel des mêmes fonctions émousse, le sentiment de compassion et de sympathie qu'éveille, dans l'âme des jurés, l'aspect d'un accusé; l'exercice habituel est ici un avantage. La lumière et l'intégrité seraient même préférables à l'indépendance, si l'indépendance n'était pas inséparable de l'intégrité. Or, en fait d'intégrité et de lumières, on est toujours mieux servi par le choix de l'homme que par celui de ce ministre irresponsable que l'on nomme *le hasard*.

En matière civile, les questions roulent sur des choses, on y parle une langue, que tout le monde ne connaît pas. Avant tout, le juge doit être instruit de ces choses et parler cette langue : il doit savoir la loi.

Les promoteurs de l'institution des jurés au civil la produisent comme le premier, le plus sûr et même l'unique moyen de remédier aux inconvénients qui résultent du mélange des questions de fait et de droit. *Qu'on prouve*, disait Dupont, *qu'il est impossible d'opiner en même temps sur le fait et sur le droit, sans que sur dix procès six ne soient jugés contre la majorité, et je n'aurai plus rien à répondre en faveur de l'intervention des jurés en matière civile.*

En supposant ce qui malheureusement n'est pas, que le mélange du fait et du droit engage seul les citoyens à plaider, et soit l'unique cause qui embrouille et complique les procès, notre législation actuelle n'a-t-elle pas remédié à cet inconvénient autant qu'il est possible de le faire?

Dans notre procédure actuelle les questions de fait et de droit sont posées dans les jugements à peine de nullité, et les juges donnent distinctement leurs motifs sur les unes et sur les autres. On a même quelquefois reproché, aux cours d'appel, une certaine tendance à juger en fait pour conserver, à leurs arrêts, le caractère de souveraineté qui leur est attribué par la loi.

Il faut le dire, la séparation du fait et du droit se présente d'abord à l'esprit comme une idée simple. Est-il vrai qu'elle soit simple et facile dans la pratique ?

Les faits appartiennent à l'ordre matériel ou à l'ordre intellectuel. Un mouvement du corps est un fait matériel. Un acte de la volonté est un fait intellectuel. Mais il est des faits d'une nature mixte : ce sont ceux dans lesquels s'unissent l'action corporelle et l'action intellectuelle. Ainsi un homme a porté un coup avec la volonté de le porter. C'est à l'occasion de ces derniers faits qu'on a dit : *tout homme est bon pour éclaircir un fait.*

Il n'est peut-être pas exact de dire que tous les hommes sont également aptes à juger de la réalité d'un fait et de la matérialité d'une action. L'expérience de ce qui se passe dans les pays, où l'institution du jury est admise, et, fonctionne le mieux, le prouve. Mais dans les matières civiles, le fait, en certains cas, se confond tellement avec le droit qu'il est presque impossible de séparer, la matérialité de l'action, des circonstances morales qui forment, avec elle, un tout indivisible : tels sont la simulation, le concert frauduleux, certains quasi-délits, la bonne ou la mauvaise foi dans la possession.

On ne veut pas que le juge devienne arbitre souverain du fait, mais on voudrait lui réserver l'application de la loi ; les jurés feront la plupart du temps, en déclarant le fait, irruption dans le droit, et le magistrat sera contraint d'appliquer, la lettre, contre le droit.

De plus, l'appréciation juridique d'un fait dépend des preuves qu'on apporte et du mode de les administrer. La condition nécessaire de l'admission du jury c'est la preuve orale. Or, nos lois restreignent l'emploi de cette preuve, aux cas, où il n'est pas possible, et, où il ne serait pas expédient de se procurer une preuve écrite.

L'excellence de la preuve écrite, en matière de conventions, n'a pas besoin d'être démontrée. La nécessité
d'un commencement de preuve par écrit ou de faits
équivalents pour faire admettre la preuve testimoniale
est évidente. L'expérience des siècles constate le danger
et l'incertitude de cette dernière preuve. POTHIER remarque qu'à mesure que nous avons fait des progrès dans
la civilisation nos lois se sont rendues de plus en plus
difficiles pour l'admission de la preuve testimoniale.

Avec l'usage de l'écriture, les affaires ont changé de
face : en donnant un corps aux preuves, l'écriture les
a, en quelque sorte, rendues toujours présentes. Aussi
depuis que les hommes sont devenus généralement lettrés, la preuve écrite a-t-elle dû prévaloir, en matière
civile, sur la preuve orale. En effet, tout fait, tout acte,
peut être constaté par écrit.

Décider si les preuves apportées sont ou non receva-
bles et admissibles, n'est-ce pas appliquer la loi? n'est-
ce pas juger une question de droit?

Un ami sincère de la liberté et de la vertu, un
homme dont le nom sera toujours illustre tant que le
courage civil sera honoré parmi les hommes, le docte
LANJUINAIS, affirmait à l'Assemblée constituante après
vingt années d'expérience que la distinction complète
du fait et du droit était impossible dans les procès.

SIEYÈS, publiciste philosophe et métaphysicien aussi
profond que subtil, avait renoncé à cette distinction
dans son système de jurés.

D'ailleurs, les faits une fois distingués du droit, où ils
seront de nature à être prouvés par écrit, et le jury peu
familier avec la preuve écrite, et se défiant d'elle parce
qu'il y verra un instrument officiel, cherchera à faire

prévaloir, dans le débat, la preuve testimoniale à laquelle il est accoutumé et qui répond mieux à sa nature; et les droits constatés seront en péril, et la preuve authentique courra risque d'être supplantée;

Ou les faits devront être vérifiés par des experts, c'est-à-dire par une sorte de jury spécial, et alors le jury proprement dit ne sera qu'un rouage inutile, s'il est tenu de s'en tenir à l'expertise, ou un rouage dangereux, s'il est autorisé à s'en écarter : il manquera, en effet, pour apprécier la capacité des experts et le mérite de leur rapport, de l'expérience acquise par les juges durant un long exercice;

Ou, enfin, le procès sera de nature à se dénouer par une enquête; mais, dans tous les cas où l'on recourt à une enquête, comme dans les questions d'État, de prescription de servitude, de simulation ou de fraude, le fait se complique du droit, alors les jurés contraints de déduire les conséquences légales des circonstances de fait qu'ils auront reconnues constantes, seront déroutés et le droit sera compromis ou sacrifié.

Ce n'est pas tout, les partisans du système prétendent simplifier la marche des procès, restreindre l'emploi des avocats et des officiers ministériels et même en diminuer le nombre.

Quand le fait est distinct du droit, les procès ne sont ni longs ni compliqués, pourvu que les passions ne s'en mêlent pas. Mais si ce n'est pas seulement pour mettre les juges à portée de se bien rendre compte de leurs opinions, que l'on prétend distinguer le fait du droit, si c'est afin que les jurés d'un côté, et les juges de l'autre, prononcent les uns sur le fait, les autres sur le droit; voici ce qui arrivera : il y aura autant de procès séparés, de sentences et de jugements que de moyens et d'exceptions; les appels et les recours en cassation se multiplieront dans la même proportion.

La déclaration du jury sur le fait sera sans doute irré-fragable, mais en vertu de cette loi du monde moral qui veut que toutes les actions produisent une réaction, et que toute *force vive* (et les passions sont des forces vives) *comprimée*, sur un point, fasse irruption sur tous les autres; les difficultés de forme et de procédure, les subtilités de droit, les questions légales croîtront en nombre et se compliqueront précisément parce qu'on ne pourra plus plaider sur le fait.

Il est remarquable que l'intervention du jury en matière civile n'est complète en aucun pays.

A la Louisiane, elle est purement facultative. Dans la Grande-Bretagne, les cours ecclésiastiques, seules compétentes en matière de mariage, de divorce, de séparation, de testament, et les cours d'équité jugent sans le concours du jury et se décident soit par les actes, soit par le serment, soit par l'audition des témoins. Les cours des *common pleas* et celles du *king's bench* admettent jusqu'à sept modes différents de procédure et d'instruction; l'instruction par le jury n'est qu'un de ces divers modes. Un grand nombre de tribunaux permanents jugent le fait et le droit. Aux États-Unis, des cours d'équité procèdent également sans le concours du jury. Bentham déclare que la création des tribunaux inférieurs, qui soustrait journellement au jury, en Angleterre, un grand nombre de causes, est un bienfait pour le pays, et il pense que, malgré ce palliatif, l'intervention du jury, en matière civile, y est plus nuisible qu'utile.

Nous avons indiqué en passant la difficulté de trouver

des jurés compétents : elle est, à notre avis, insurmontable si l'on considère le nombre nécessaire pour subvenir aux besoins des justiciables. Il faut y joindre un accablant fardeau : l'impôt du temps exigé des citoyens appelés à remplir les fonctions de jurés, impôt inégalement réparti et prélevé sur le plus précieux et le plus productif des capitaux.

On ne saurait passer sous silence, les embarras qui résulteraient pour l'administration de la formation des listes spéciales ; car on ne peut pas supposer qu'on entoure de moins de garanties le choix des jurés au civil que celui des juges commerciaux, et les frais que ce travail entraînerait. — Ces considérations sont secondaires, mais elles ont leur importance quand il s'agit de repousser une innovation que rien ne recommande que son étrangeté et sa vétusté : singulier caractère pour une innovation ! car DUPORT se vantait de l'emprunter au *premier âge de la monarchie,* et CHABROUD *félicitait nos pères, qui, sortant des forêts et n'ayant que le bon sens de la nature, avaient su se donner ces institutions heureuses qui faisaient aller la justice, au-devant de tous leurs besoins.*

Un juste orgueil nous permet de croire que la nation française n'a pas besoin de rétrograder ; que nos institutions doivent être en harmonie avec l'état perfectionné de nos mœurs, le développement de nos transactions civiles et le progrès de nos lumières, et que la procédure des ve ou vi^{es} siècles n'est pas celle que nous devons adopter.

Le projet de loi se divise en cinq titres :

Le titre 1er traite de l'institution des tribunaux ; le titre ii, de leur composition ; le titre iii, de la justice civile ; le titre iv, de la justice criminelle ; le titre v, de la nomination des magistrats.

Il résulte du titre 1ᵉʳ, 1° *la suppression de tous les tribunaux d'arrondissement :* un juge délégué, un substitut du procureur de la République, et un juge suppléant leur seront substitués, dans chaque chef-lieu ; 2° *la suppression de huit cours d'appel.*

Il résulte du titre ii qu'il n'y aura qu'un *tribunal de première instance par département.* Le nom de *cour* qui avait été attribué aux tribunaux d'appel, par le sénatus-consulte de l'an x, leur est retiré ainsi qu'au *tribunal de cassation.* Le nombre des juges du tribunal de cassation est réduit, et ils sont dépouillés ainsi que les juges d'appel du titre de *conseillers.* Le nombre des juges d'appel subit une réduction analogue. *Les substituts du procureur général sont supprimés, et, à la chambre des requêtes de la cour de cassation, on substitue une autre chambre civile.*

Le titre iii étend la compétence et accroît la *juridiction des juges de paix.* Son article 29 provoque indirectement l'*intervention du jury dans les affaires civiles.*

Le titre iv commet les fonctions de *juge d'instruction au juge délégué* de chaque arrondissement. Il sépare ainsi le juge d'instruction de la chambre du conseil. Il permet la *désignation d'un défenseur et la communication des pièces à l'inculpé, même, avant l'instruction terminée.* Il substitue un *jury d'accusation* à la chambre d'accusation, et rétablit au criminel les procès par écrit, en prescrivant, au jury d'accusation, de former sa conviction sur la procédure écrite. Il étend la compétence et *accroît la juridiction des tribunaux de police. Les*

*tribunaux de police correctionnelle sont remplacés par
un jury* qui connaîtra des délits. *Les jurés de jugement
sont autorisés à prendre connaissance des lois pénales*
dont l'application est requise. *Les assesseurs du président de la cour d'assises sont supprimés.* Le président
de la cour d'assises a le devoir de qualifier les faits résultant de la déclaration du jury. *Le jury est chargé de
résoudre les questions de pénalité et de dommages-intérêts. Tous les Français jouissant des droits civils et
politiques sont portés sur la liste du jury, sauf les
exceptions et les dispenses désignées par la loi.*

Le titre v détermine les conditions et les distinctions
qui doivent présider à la nomination des magistrats.
Il établit un *tableau de candidature* sur lequel ils doivent être choisis. Il institue un *noviciat judiciaire.* Il
*accorde à égalité de mérite et de rang la préférence
pour les promotions judiciaires à ceux qui auront fait
leurs études à l'aide de bourses données par l'État ou
les départements.* Il règle l'ordre des présentations aux
places vacantes et fait concourir à ces présentations
*les juges, les avocats et les avoués réunis en une même
assemblée.* Il attribue aux juges des tribunaux de première instance et d'appel la *nomination des présidents
et des vice-présidents* de ces tribunaux; il refuse le titre
de *président* aux *vice-présidents* des tribunaux d'appel
et de *premier président* à leur président. Il attribue la
nomination des juges du tribunal de cassation à
l'Assemblée nationale, sur la présentation de trois candidats faite par le gouvernement; aux juges du tribunal le *choix des présidents de chambre;* et au gouvernement en conseil des ministres celui de *premier président.* Il décide que *les juges, quel que soit le tribunal*

dont ils font partie , pourront être mis à la retraite , à l'âge de soixante et dix ans accomplis , par un simple arrêté du gouvernement. Il supprime la *juridiction disciplinaire des cours d'appel.*

Nous rendons un sincère et juste hommage aux intentions qui ont dicté ce travail , mais nous croyons que les hommes recommandables et éclairés qui l'ont adopté se sont mépris sur les conséquences de leur système. Ils ont dépassé le but qu'ils se proposaient.

Le pouvoir judiciaire dans la démocratie est tout à la fois la barrière et la sauvegarde du peuple[1].

La reconstruction de l'unité nationale a été le plus admirable résultat de notre régénération politique. — Toutes nos institutions doivent tendre à la maintenir, à la fortifier, à la défendre.

L'unité de patrie et de législation recommande l'unité de gouvernement et de juridiction. — Rien ne sépare et ne divise les hommes comme le défaut d'unité dans la juridiction.—L'ordre judiciaire forme une vaste et salutaire association qu'on ne peut désunir et affaiblir sans danger. — Tous ont un égal intérêt à ce que *force demeure à justice.*—La justice est l'équité sociale.

Le projet de loi semble avoir été conçu sous d'autres inspirations.

Il maintient une justice de paix dans chaque canton. — Il donne deux suppléants à chaque juge de paix. — En matière purement personnelle ou mobilière, il étend à charge d'appel, la compétence de cette juridiction jusqu'à la valeur de quinze cents francs.

[1] M. A. DE TOCQUEVILLE.

Cette extension de compétence se lie à la suppression des tribunaux d'arrondissement. Elle l'aggraverait s'il était possible. On attribue à un juge *unique* la connaissance du plus grand nonmbre de procès que ces tribunaux sont appelés à juger. — *Agir est le fait d'un seul, mais juger est le fait de plusieurs.* L'unité de juge répugne à nos habitudes. Elle nous apparaît comme une exception. — L'esprit de système a cru entrevoir en elle le type de la perfection, — Cela pourrait être vrai, si l'on pouvait instituer, juge unique, l'homme unique qui réunirait, toutes les qualités, qu'on peut désirer dans un juge. — Le plus grand nombre des législateurs a cherché, l'assemblage de ces qualités, dans un individu collectif, dans une réunion d'hommes, dans un corps. — Ils ont pensé que si cet esprit d'association morale qui assimile les hommes soumis aux mêmes devoirs, investis des mêmes droits, assujétis aux mêmes habitudes, si l'esprit de corps, en un mot, est quelquefois en arrière de l'opinion publique, il excelle à résister aux passions populaires et aux suggestions du pouvoir. — De plus, loin d'atténuer la responsabilité, il l'accroît : car il constitue, pour tous les membres du corps, une solidarité de considération ou de honte, de bonne renommée ou de mépris public qui les oblige à s'exciter mutuellement au bien. Avec un juge unique, la corruption est facile, l'inattention irréparable; les droits de la défense sont compromis, car il est le maître, le dominateur absolu des débats, le seigneur du procès. La pluralité des juges est donc la meilleure garantie de la liberté judiciaire.

Mais ce tribunal primaire, dépouillé de l'avantage du nombre, pécherait encore par le défaut de lumières et de pratique. — Les conseils, les défenseurs éclairés et honorables manqueraient autour de lui, et il serait à craindre que n'affluassent, bientôt à leur place, une foule de praticiens nécessiteux, et, ignorants dans toute autre science que celle de la chicane. Ils troubleraient l'innocence et la tranquillité des campagnes, ruineraient les justiciables et dénatureraient une justice qui doit être simple, sans frais, et dont l'équité naturelle est l'âme.

Les questions soumises aux juges de paix, d'après leurs nouvelles attributions, excéderaient nécessairement les limites de leurs connaissances. — On peut en juger en parcourant les greffes des tribunaux de première instance.

L'élévation de la compétence jusqu'à concurrence d'une valeur de quinze cents francs comprendrait trop souvent la plus grande partie de l'héritage du plaideur. Son résultat le plus certain serait de multiplier les appels à l'infini.

La loi du 25 mai 1838, en doublant la compétence des juges en toutes actions purement personnelles ou mobilières, a satisfait à un véritable besoin : elle a marché avec la société. Mais appeler le juge de paix à prononcer sur des intérêts compliqués, sur des questions épineuses de droit civil, c'est l'exposer à l'erreur et aux piéges que lui tendront la mauvaise foi ou l'habile cupidité. L'obliger de séparer dans ses sentences (art. 29 du projet de loi) les questions de fait et les questions de droit, et de statuer, sur les unes et sur les autres, par un seul et même jugement, c'est créer un immense danger pour les justiciables et donner ouverture à de nombreux pourvois en cassation.

Les auteurs du projet de loi ont pressenti des incon-

vénient ; ils proposent de prescrire que nul ne pourra
être nommé juge de paix s'il n'est licencié en droit ou
s'il n'a exercé pendant cinq ans au moins les fonctions
d'avoué, de notaire ou de greffier. — Mais le remède
nous paraît pire que le mal. Ce serait aller directement
contre l'esprit de l'institution que de choisir exclusivement les juges de paix parmi les hommes de loi. — « Il
« faut que dans chaque canton, disait THOURET à l'As-
« semblée constituante, tout homme de bien, ami de
« la justice et de l'ordre, ayant l'expérience des mœurs,
« des habitudes et du caractère des habitants, ait par
« cela seul toutes les connaissances suffisantes pour de-
« venir à son tour juge de paix. »

Nous pensons comme THOURET que les candidats préférables, pour une justice de paix, seront toujours le père
de famille respectable, déjà l'arbitre de ses voisins, avant
d'être investi du pouvoir juridictionnel : le propriétaire
bienfaisant, qui consacre son existence et son temps à
la culture des champs et à donner du travail aux labou-
reurs : le militaire, en retraite, dont le signe de l'honneur décore la poitrine, et qui est revenu au foyer paternel après avoir vaillamment versé son sang pour la
patrie : le médecin expérimenté dans l'art de guérir qui
connaît les mœurs, les habitudes domestiques des habitants du canton et qui est souvent aussi compétent
pour apaiser leurs passions que pour rétablir leur santé.

Nous n'excluons ni le licencié en droit, conseil habituel
et guide secourable de ses compatriotes dans leurs transactions de famille, ni l'avoué, ni le notaire, ni le greffier émérites. — Mais nous ne voulons point de privilége en leur faveur. Nous craindrions que des fonctions
qui, par leur nature, doivent appartenir de préférence

aux hommes capables, domiciliés dans le canton, ne fussent trop souvent dévolues à de faméliques solliciteurs
d'emplois, dont le principal titre, serait leurs besoins,
nés de leur insuffisance.

Nous indiquons par ces paroles que nous approuvons
la proposition de faire nommer les juges de paix ainsi
que leurs suppléants par le pouvoir exécutif.

Les raisons qui nous ont déterminé à repousser l'élection des autres juges par le peuple sont applicables à
l'élection des juges de paix. — On peut y en ajouter
quelques autres : l'élection des juges de paix, serait
dans le canton, un sujet de division. Les partis se dispu-
teraient la position. Le juge de paix, institué par l'un
d'eux, aurait une mission politique. Ceux qui l'auraient
élu compteraient sur son influence dans d'autres élections. Il faut prévenir ces désordres.

A l'inconvénient politique, s'ajouterait un inconvénient judiciaire. Les électeurs, qui auraient porté le
juge élu, croiraient avoir acquis des droits, non à sa
justice, mais à sa complaisance, à sa partialité : ceux
qui ne lui auraient point donné leur voix se défieraient
de son indépendance ; ils n'acquiesceraient jamais à la
justice de ses sentences quand elles leur seraient dé-
favorables. La justice serait avilie ; le respect dû à l'autorité des jugements, détruit.

Toutefois nous pensons qu'un système de présentation doit être organisé par la loi ; que le pouvoir exécutif ne doit choisir que sur une liste qui lui sera présentée par la magistrature du ressort. Nous nous
expliquerons plus tard sur les formes et la nature de
ces présentations.

Nous pensons aussi que nul ne doit être appelé aux

fonctions importantes de juge de paix s'il n'est âgé de trente ans révolus.

La proposition de supprimer tous les tribunaux d'arrondissement a excité d'universelles réclamations.

Nous avons indiqué que ces tribunaux étaient considérés par l'Assemblée constituante comme les bases nécessaires d'un bon ordre judiciaire. « *En ne mettant pas le besoin de plaider au niveau des premières nécessités de la vie*, disait THOURET en 1790, *un seul tribunal doit suffire à chaque district; soit qu'on considère la mesure commune de territoire sur laquelle les districts ont été distribués, soit qu'on s'attache au taux commun de la population qu'ils doivent renfermer.* » Les districts étaient plus nombreux alors que ne le sont aujourd'hui les arrondissements ; et le nombre des affaires s'est considérablement accru de 1790 à 1848.

Les tribunaux de district furent supprimés en l'an iii et remplacés, comme on propose de le faire aujourd'hui, par les tribunaux de département. Une des premières opérations du gouvernement consulaire en l'an viii fut d'abolir les tribunaux de département et d'établir les tribunaux d'arrondissement. A cette époque, la France avait soif de justice comme elle a soif d'ordre aujourd'hui. En l'an x, le premier consul [1] promettait officiellement à la France : la JUSTICE, l'*Ordre*, l'*Égalité*.

Pourquoi supprimer, aujourd'hui, des tribunaux tellement répartis que la dispensation de la justice, n'occasionne que le moindre déplacement possible au citoyen,

[1] *Réponse du premier consul au discours du président du Sénat lors de la présentation du sénatus-consulte organique du 16 thermidor an x.*

et que la perte du temps employé à l'obtenir n'est jamais telle que le pauvre préfère l'abandon à l'exercice
de son droit? Deux ordres de considérations combattent
cette suppression : elles sont tirées de l'ordre politique
et de l'ordre judiciaire.

Tout se tient dans la société comme dans la nature.
On ne peut faire abstraction de l'organisation administrative et politique en s'occupant de l'organisation judiciaire. L'étroite corrélation existant entre l'établissement
des tribunaux d'arrondissements et l'établissement des
sous-préfectures tient à une grande pensée, à une pensée d'ordre, d'uniformité, d'harmonie et de bon gouvernement.

Pourquoi rompre cette uniformité, troubler cette
harmonie, renoncer à ce moyen de bon gouvernement?
Il faudrait des raisons bien puissantes pour le faire.
— Il est de l'intérêt général bien entendu que toutes les
parties du territoire participent aux bienfaits de la civilisation ; qu'elles vivent de leur vie propre ; que ceux
qui l'habitent y trouvent les moyens de subsister.

L'établissement d'un tribunal dans une ville y élève le
niveau de l'intelligence ; il y crée un foyer d'activité qui
entretient le mouvement des esprits, excite l'émulation,
incline une partie des habitants vers des études utiles
et sérieuses. La circulation continue que les affaires y en-
tretiennent profite à tous les genres d'industrie. La résidence des familles, attachées au tribunal ou établies
autour de lui, contribue à l'aisance de la population.
Plusieurs offices publics dépendent du tribunal. Ils constituent l'état et la fortune de ceux qui les possèdent et
de leurs enfants.

On dit beaucoup que les grandes villes dépeuplent

les campagnes. — Elles dépeuplent bien plus les petites villes, les villes du second ordre. — Un sage gouvernement doit maintenir dans celles-ci tout ce qui peut y fixer des habitants, y rappeler même une partie des richesses et de la population que les grandes villes absorbent. — Le moyen est simple. — Si ce n'est de multiplier, c'est au moins de conserver dans ces villes les établissements publics qui créent, entre elles, et les bourgs et les campagnes environnantes, des rapports nécessaires et habituels. Toutes les fois que l'utilité publique ou la nécessité ne la commande pas, la translation ou la suppression de ces établissements est injuste et impolitique. En ce cas, la justice distributive et l'utilité publique exigent que les villes soient maintenues dans leur possession. — Les cités ne sont pas moins fondées que les citoyens à réclamer l'égalité proportionnelle. — Leur prospérité est un des plus précieux éléments de la prospérité publique ; on ne saurait les ruiner ou les appauvrir sans appauvrir l'État. Et l'on propose, d'un seul trait de plume, de diminuer, en un jour, d'état et de condition deux cent soixante-quinze chefs-lieux d'arrondissement, et de transformer la plupart de ces villes en de pauvres et chétifs villages ?

Mais les considérations judiciaires ne sont pas moins puissantes en faveur de la conservation des tribunaux d'arrondissement que les considérations politiques.

L'établissement des tribunaux d'arrondissement répond d'une manière si exacte à notre organisation administrative et politique, ils sont un ressort si nécessaire dans la marche de notre procédure criminelle, qu'on ne peut les supprimer ou les mutiler sans que la justice et les justiciables en reçoivent un grand préjudice.

On substitue à ces tribunaux un juge délégué par le tribunal du département, avec accompagnement d'un substitut du procureur de la République et d'un juge suppléant. — Ce juge délégué remplira les fonctions de juge d'instruction ; mais le juge d'instruction se trouvera au chef-lieu d'arrondissement, et la chambre du conseil au chef-lieu du département : car elle fera partie du tribunal qui y est établi. Le juge délégué lui rendra compte, par écrit, de chacune des affaires qu'il aura instruite. — Ses rapports seront transmis au procureur de la République, qui fera ses réquisitions. La chambre du conseil jugera sur le vu des pièces, elle pourra mander le juge délégué pour l'entendre. — Comment n'être pas frappé de l'insuffisance de ce mécanisme et de son imperfection ?

Au lieu du rapport et des observations orales du juge d'instruction remettant, en personne, à la chambre du conseil les pièces de la procédure, il faut qu'il envoie le tout, par l'intermédiaire du procureur de la République, au tribunal du chef-lieu du département. Dans l'état présent, le rapport, les réquisitions, l'ordonnance de *non lieu* peuvent intervenir en quelques heures. Dans l'état futur, la procédure va et vient sur les grandes routes ; il faut peut-être que le juge la suive à son tour. Tout cela prendra des journées, et en attendant, la détention préventive de l'inculpé se prolongera.

Une enquête aura été ordonnée, les témoins devront se transporter à une grande distance de leur domicile. Une expertise sera nécessaire, est-il facile au tribunal de département de désigner, sur les lieux, des experts capables ? Des immeubles seront à vendre par suite de saisie, ou de partage après succession, ils seront mis en vente loin du lieu de leur situation, et de ceux qui pourraient être les plus disposés à les acheter. Un renvoi pour cause de parenté, d'alliance, de suspicion légitime sera reconnu nécessaire, il faudra se dépayser et aller plaider devant le tribunal d'un autre département.

Il est douteux que cette manière de procéder soit plus sûre et qu'on y gagne en justice ce qu'on perdra en célérité.

Le président du tribunal d'arrondissement a une juridiction propre; on ne dit pas qui l'exercera. Faudra-t-il recourir au chef-lieu du département pour faire statuer sur un référé en matière de saisie, d'inventaire, d'opposition à l'exécution d'un titre authentique, de contrainte par corps?

Pour un dépôt de contrat, de sentence arbitrale, pour la présentation d'un testament olographe, pour une prestation de serment, pour une renonciation à succession, pour une acceptation sous benéfice d'inventaire, il faudra se transporter au greffe du chef-lieu de département. Est-ce là de la justice prompte et à bon marché? est-ce de la justice à la portée du pauvre comme du riche? est-ce là de la justice démocratique?

Il n'y a pas de tribunal de commerce dans l'arrondissement, le tribunal d'arrondissement le supplée, il en remplit les fonctions. Qui suppléera, en ce cas, le tribunal d'arrondissement? Faudra-t-il créer tout exprès un tribunal de commerce dans un lieu où le besoin d'une telle juridiction ne se fait pas habituellement sentir? ou faudra-t-il que les commerçants ou les citoyens qui font des actes de commerce aillent, au loin, chercher des juges pour prononcer sur leurs différends?

Le tribunal d'arrondissement prononce les expropriations pour cause d'utilité publique. Ce sont des affaires de localité. L'instruction administrative est toute communale. Faudra-t-il transporter cette attribution au tribunal du département ainsi que la nomination des magistrats directeurs du jury d'expropriation ? Que d'embarras et de complication pour rendre praticable une mesure désastreuse !

Il résulte des statistiques que la plupart des tribunaux d'arrondissement sont nécessaires, car ils sont suffisamment occupés. Nous venons de démontrer qu'ils sont indispensables, à moins qu'on ne refonde toute notre législation. On prétend que leur nombre nuit à leur convenable recrutement, que la dignité de la justice en souffre, que l'économie réclame des suppressions.

L'économie est un mauvais argument ; en appauvrissant un grand nombre de villes, en rendant la justice impossible pour un grand nombre de justiciables et plus onéreuse à tous, on n'enrichira pas le trésor ; à peine si l'on épargnera les modiques traitements de deux juges par arrondissement ; et les frais de transport de pièces, de déplacements des magistrats, accroîtront les dépenses, tandis que des recettes d'un autre genre diminueront.

Le nombre de nos tribunaux n'a pas jusqu'ici porté d'atteinte nuisible à leur dignité ; elle souffrirait si dans des villes, où les procès abondent, les juges restaient oisifs : personne ne s'avise de reprocher leur inoccupation aux juges qui suffisent à leur besogne.

Un bon recrutement est en effet la condition essentielle de l'établissement des tribunaux. CONDORCET considérait l'impossibilité d'un bon recrutement comme la seule limite qui pût être opposée à leur rapprochement des justiciables. Il soutenait, à la Convention, que les tribunaux devaient étre aussi voisins du domicile des citoyens, que le permet la nécessité de les composer d'un nombre suffisant de bons juges.

Mais il est presque impossible qu'un arrondissement ne puisse pas fournir les éléments nécessaires à la composition d'un tribunal de trois juges dont les siéges vaquent successivement, et qui ne se renouvelle pas, une fois en entier, tous les dix ans. Or, le recrutement fourni par le pays est toujours le meilleur; c'est lui qui donne les magistrats connus des justiciables et qui les connaissent, établis à perpétuelle demeure dans la cité dont ils occupent le prétoire, et qui s'y concilient avec d'autant plus de facilité, la considération et la confiance, que leur dévouement aux intérêts de l'arrondissement, et leur zèle pour sa bonne police et sa prospérité, ne peuvent être révoqués en doute.

Le nombre des juges assigné, par le projet de loi, à chaque tribunal de première instance de département, nous paraît insuffisant. Le nombre, nous ne saurions trop le répéter, est une puissance et une garantie. Il ne suffit pas que les affaires soient expédiées, qu'il y en ait beaucoup d'expédiées, pour que la justice soit bien rendue. L'expédition et la célérité ne constituent pas la justice. Un des effets des statistiques qui sont au fond bonnes et utiles, a été mauvais; elles ont favorisé l'opinion de ceux qui mesurent le mérite des juges et des tribunaux, au nombre des jugements et à la promptitude avec laquelle ces jugements sont rendus. Il est facile de devenir grand magistrat à ce prix, et d'acquérir une profitable renommée par des tableaux annuels convenablement meublés de chiffres. Il y a toutefois quelque

chose de préférable à l'expédition, c'est le *bien jugé*.
La justice n'a point pour objet de supprimer les procès,
mais de les terminer selon le droit.

Dix juges divisés en deux chambres, quelle que soit
l'étendue du département et la somme de la population,
sont une espèce de cote mal taillée, inventée pour la
commodité du législateur plutôt que pour les besoins
des justiciables. Quand on entreprend une réorganisation, il ne faut pas se contenter de l'indiquer; on est
tenu de l'exécuter. C'est ne rien faire de bon que de
poser une règle susceptible d'une multitude d'exceptions et de ne pas les déterminer, car ce sont les exceptions seules qui peuvent prouver la bonté de la règle. Il
est certain que dans le plus grand nombre de départements il faudrait plus de dix juges et de deux chambres :
c'est trop de cinq juges par chambre si l'on doit juger
au nombre fixe de trois, ce n'est pas assez si l'on doit
et peut juger à un plus grand nombre.

C'est un singulier procédé pour éviter les partages,
que de prescrire aux chambres de juger à un nombre
fixe et impair de juges. Comment se composeront-elles?
Un ou deux juges s'abstiendront-ils à volonté? Sinon,
qui les éliminera ou les dispensera? Qui désignera ceux
qui devront rester pour former le *quorum?* Recourra-t-
on à la voie du sort? Il y a là quelque chose d'arbitraire
et d'indéterminé, qui n'a rien de rassurant pour les
justiciables et qui est peu compatible avec la dignité
du tribunal.

Pourquoi d'ailleurs redouter les partages? Ils prou-
vent que les affaires sont mûrement examinées, conscien-
cieusement jugées; que la conviction seule et non la
complaisance ou la faiblesse dicte les opinions. C'est

toujours en vue de l'expédition qu'on s'en inquiète ; mais si l'on s'arrêtait exclusivement à ce point de vue tout matériel, il faudrait supprimer l'appel, la requête civile, la tierce opposition, le recours en cassation ; il faudrait abolir la procédure. Ce n'est pas l'avis de notre vieil AYRAULT, qui pense qu'*en l'instruction et la formalité gît la justice*, et que *sans la solennité et la forme, elle ne serait que force et machination.*

Dans certains systèmes, on n'envisage que les longueurs, les dépenses, les déplacements, la peine qu'éprouve un citoyen à se faire rendre son bien, forcé qu'il est, d'aller solliciter un jugement, en dernier ressort, dans une ville éloignée. — On se persuade que ce qui importe à la société, c'est qu'on termine promptement toutes les contestations, et l'on se montre indifférent sur la manière de les finir pourvu qu'elles finissent. Dans cet ordre d'idées, on repousse l'appel comme ruineux pour les citoyens, et contraire à la concorde et à l'union parce qu'il éternise les procès

Les partisans du jury civil rejettent encore l'appel, parce qu'il n'y a point et ne peut point y avoir d'appel du jury au criminel. — D'autres (c'est le plus grand nombre) pensent, et nous sommes de cette opinion, que dans un pays libre, chacun doit pouvoir librement défendre ses droits, son honneur, ses biens, et que les lois doivent satisfaire le désir naturel et *extrême* qu'a tout homme libre de se faire rendre justice. De là, les appels et la faculté accordée à tout citoyen de venir réclamer sa propriété, son état, son droit devant une juridiction du second degré, où il se promet de rencon-

trer plus de lumières, plus de fermeté et plus d'indépendance.

Les auteurs du projet de loi l'ont reconnu et ils ont
conservé l'appel.

Ils ont fait plus, et nous les en louons : ils ont établi
des tribunaux d'appel et ont abandonné le système déplorable de l'appel alternatif d'un tribunal de district
ou d'un tribunal de département à l'autre ; système,
sans dignité, qui n'offrait aux plaideurs que l'avantage
d'un second examen, sans que la supériorité du tribunal,
le nombre et le choix des juges, vinssent augmenter
la confiance et commander l'acquiescement.

Mais il était difficile de coordonner l'institution des
tribunaux d'appel, avec la suppression des tribunaux
d'arrondissement, et, l'établissement d'un seul tribunal
de première instance par département. — Si l'on voulait mettre le nombre des tribunaux d'appel, en proportion arithmétique, avec le nombre des tribunaux de
première instance, on obtiendrait un trop petit nombre
de tribunaux d'appel. Une déplorable prolongation des
procès, des déplacements onéreux pour les plaideurs,
une continuelle affluence de justiciables, dans des villes
éloignées de leur résidence, seraient la suite nécessaire
d'une centralisation excentrique. On manquerait le
but que l'on veut atteindre, et les villes moins populeuses
ou d'une situation moins centrale, définitivement dé-
pouillées, au profit de celles qui absorbent déjà leur
substance, seraient loin de trouver, dans cette nouvelle organisation, une application heureuse du principe de la fraternité. En rejetant cette règle, on tombe
dans l'arbitraire : c'est ce qui est arrivé aux auteurs du
projet de loi.

On propose la suppression de neuf tribunaux d'appel.

On ne sait, en vérité, ni pourquoi on conserve les uns, ni pourquoi on supprime les autres.

Ce n'est point avec le compas du géographe qu'il convient de tracer les circonscriptions judiciaires ou de donner un centre à ces circonscriptions. Beaucoup de circonstances peuvent commander de rapprocher le centre de la circonférence. Il ne faut pas prétendre en créer d'artificiels ou en déterminer de purement mathématiques; ces centres sont donnés, on ne les choisit pas. Ce sont les centres naturels d'activité des populations, les points du territoire vers lesquels les intérêts locaux gravitent, où se trouvent les grands marchés, où se réunissent les agriculteurs, les commerçants, les manufacturiers; en quelques provinces ce sont les villes, siége des traditions parlementaires, où se sont conservés les usages et les mœurs judiciaires; ailleurs, les villes scholaires, où abondent les ressources qui facilitent les études et le développement de l'intelligence, où se trouvent rassemblés des établissements littéraires ou scientifiques, tels que les bibliothèques, les sociétés savantes, les facultés de droit, des sciences, des lettres, les villes dont les habitants sont naturellement appliqués et occupés d'idées sérieuses.

Il convient de prendre aussi en considération, dans la composition des ressorts, le présent et le passé. S'il importe de maintenir l'unité de législation et l'uniformité de jurisprudence, il ne faut pas perdre de vue que la liberté des contrats, fondée par notre droit civil, permet d'y introduire des conventions, empruntées quelquefois à des coutumes abrogées, dont les dispositions revivent par la volonté des contractants qui fait la loi des parties, et qu'il importe autant qu'on le peut de comprendre dans les mêmes ressorts, les pays que gouvernaient autrefois les mêmes dispositions législatives, ou que gouvernent encore les mêmes usages, car le Code civil donne, en certaines matières, force de loi aux usages locaux [1].

Ce qu'il faut surtout soigneusement éviter, c'est d'affaiblir l'amour du pays, les liens qui rattachent les hommes à la contrée qui les a vus naître, au pays dont ils portent le nom, dont ils savent l'histoire, dont ils revendiquent, les souvenirs glorieux, comme une partie de leur patrimoine. *C'est par la petite patrie qu'on tient à la grande*; c'est parce qu'on est bourguignon, breton, provençal, dauphinois, bordelais, qu'on est français; trop généraliser le sentiment national, ce serait le refroidir et l'éteindre.

Une réorganisation qui aurait pour base l'accroissement de la circonscription territoriale d'un grand nombre de tribunaux d'appel, serait en opposition avec les principes démocratiques; elle serait contraire à l'égalité, à l'équitable répartition des avantages sociaux et politiques. Celle qui est indiquée par le projet de loi n'est en rapport, ni avec l'habitude des populations, ni avec la situation topographique des lieux, ni avec les exigences d'une bonne administration judiciaire.

On supprime d'abord la cour de *Bastia*, apparemment parce qu'elle n'a dans son ressort qu'un seul département, mais la Corse en formait deux il n'y a pas longtemps. Les Français qui l'habitent étaient un peuple il n'y a pas un siècle; ce serait les blesser profondément

---

[1] Voy. les art. 645, 671, 674, 1135, 1159, 1387 et 1527 du Code civil.

que de les réduire à n'avoir pour toute juridiction civile qu'un tribunal de première instance. Ce département est une île, et les justiciables seraient condamnés à traverser les mers pour venir demander justice en appel.

La suppression atteint encore les cours de *Caen*, de *Montpellier*, de *Grenoble*, de *Limoges*, d'*Agen*, d'*Amiens*, d'*Orléans*, et de *Metz*.

Ces cours sont-elles oisives?

La cour de *Caen* est la plus occupée après la cour de *Paris*: mille trois cent dix-sept affaires sont actuellement portées devant elle. Son ressort acquitte une contribution foncière en principal, de neuf millions cinq cent cinquante et un mille cinq cent cinquante-neuf francs. La population de ce ressort répond à sa richesse territoriale, elle est d'environ un million six cent mille habitants.

Caen est le siége d'une faculté de droit célèbre. Il nous appartient de dire que la cour de *Caen* se distingue entre toutes par sa doctrine, la sagesse et la sûreté de ses décisions.

Le ressort de la cour de *Montpellier* comprend quatre départements. Le projet de loi conserve des cours dont le ressort n'en comprend que deux et que trois. La population de ce ressort est supérieure à la population des ressorts de *Colmar*, de *Pau*, de *Bourges*, d'*Aix* et de *Besançon*. La cour de *Montpellier* juge annuellement environ neuf cent trente-neuf affaires, c'est plus que n'en jugent la plupart des autres cours. La ville de *Montpellier* est une ville scholaire, célèbre dans toute l'Europe pour ses établissements scientifiques et littéraires.

La cour de *Grenoble* juge environ six cent six affaires

par an, elle est le siége d'une faculté de droit renommée : *Grenoble* a donné naissance à d'illustres magistrats, à de savants jurisconsultes. Les premiers accents
de liberté retentirent en Dauphiné en 1787, c'est de
Grenoble que sortirent les principaux membres de cette
célèbre assemblée de Vizille qui, la première, proclama
la liberté française et qui envoya BARNAVE et MOUNIER
à l'Assemblée constituante.

Le chiffre des procès jugés annuellement par la cour
de *Limoges*, est d'environ cinq cent quarante-cinq. De
cette cour ressortent des départements unis par d'anciens souvenirs, par la communauté d'anciens usages,
d'anciennes coutumes, d'anciennes traditions judiciaires; on ne saurait les disloquer sans menacer la jurisprudence, en cette partie, d'une grave et dommageable
perturbation.

La cour d'*Agen* juge quatre cent soixante-deux
procès, et celle d'*Amiens* trois cent trente-cinq; le ressort
de cette dernière acquitte en principal huit millions
cinq cent cinquante-trois mille cent trente-trois francs
de contribution foncière.

La cour d'*Orléans* a jugé, en 1843, trois cent onze
affaires, et celle de *Metz* deux cent trente-huit. Celle-ci
est voisine de *Nancy*, mais elle était le siége d'un par-
lement.

Aucun motif impérieux ne réclame la suppression
d'aucune de ces cours. Il est utile de les conserver, si
on maintient, comme il nous paraît indispensable de le
faire, les tribunaux d'arrondissement et l'ordre actuel
de notre juridiction criminelle.

Mais quelles sont les raisons qui ont porté les
auteurs du projet à faire coïncider une réduction si

arbitraire avec l'institution des tribunaux de département?

Aucun principe de symétrie n'a pu les déterminer.
Dix de leurs tribunaux d'appel comprendront cinq départements dans leur ressort, deux en compteront trois,
trois en auront quatre, deux étendront leur juridiction
sur six. *Strasbourg* n'en aura que deux, *Paris* en aura
huit.

On n'a point cédé à la puissance des souvenirs. Si on
l'eût fait on n'eût point préféré à *Colmar* et à *Montpellier*, siéges d'anciennes cours souveraines, *Strasbourg*
et *Nîmes*. On n'a consulté ni les statistiques judiciaires
et le nombre des procès, nous l'avons prouvé : ni les
rapports de population et de contributions combinés,
car les ressorts de certaines cours conservées, payent
beaucoup moins de contribution que les ressorts de certaines cours supprimées, et, comptent une population
moins considérable : on ne s'est pas préoccupé davantage
de la commodité, de l'état des routes et des moyens de
communication, ni de la communauté des anciens usages.

Si l'on avait cédé à une seule considération, à celle
de l'économie, nous redirions que l'épargne de la République ne doit pas se grossir aux dépens du pauvre ;
nous répéterions que la justice est un des premiers besoins de la société ; que la suppression de quelques emplois et de quelques modiques traitements ne saurait com-
penser la dépréciation des propriétés, et par suite celle des
impôts dans les villes déshéritées ; et, que dans le système
du projet de loi proposé, le produit de cette étroite et
mesquine économie serait plus qu'absorbé par l'augmentation de dépense qu'entraînerait l'instruction des procès correctionnels et même criminels.

Au surplus nous n'entendons pas nous refuser systématiquement à toute réforme, nous admettons volontiers celles qui seraient justifiées par les faits et qui réaliseraient des améliorations réelles. Il est de la prudence et de la sagesse des législateurs et des hommes d'État de ne jamais repousser péremptoirement les idées, et les projets de réforme. Les institutions doivent étre stables sans doute, mais la société est mobile. La population, la richesse, l'industrie suivent dans leur mouvement l'impulsion des événements ; les idées et les choses marchent avec le temps et tout se modifie avec elles ; mais il faut leur céder sans secousse, innover et réformer successivement, par partie ; selon que la nécessité l'exige, procéder comme procède la nature dans la réparation de ses œuvres.

S'il est nécessaire ou utile de supprimer un arrondissement, une cour d'appel, que cette nécessité soit constatée et que l'amélioration urgente s'opère ; mais que ces réformes s'accomplissent avec mesure, sans ébranler ce qui demeure, comme un acte de bon gouvernement et non commé une affaire de système.

Le projet de loi réduit à douze le nombre des juges d'appel et il leur confie le pouvoir de juger au nombre de cinq. Cette réduction n'est ni convenable ni raisonnable. Elle se lie à la tendance désastreuse qui domine tout le projet, à l'affaiblissement de l'ordre judiciaire. On semble constituer, avec défiance, l'institution qui est le plus ferme appui de la société, des libertés privées, de la liberté publique et du gouvernement, et l'on mesure, avec épargne, la force qu'on lui communique, comme si on craignait qu'elle fût employée contre les citoyens et contre l'État. On oublie que le nombre

des juges est un élément nécessaire de la puissance et
de la dignité de tribunaux.

Pour qu'ils soient respectés, il est indispensable que
les arrêts d'un tribunal d'appel soient rendus par des
juges, dont le nombre, excède, dans une proportion convenable, celui des premiers juges. L'autorité d'un
jugement rendu à la majorité d'une voix ou d'un petit
nombre de voix, est moindre que celle d'un jugement
rendu à une grande majorité ou à l'unanimité. Que sera-ce lorsque la réformation du jugement d'un tribunal
entier, rendu peut-être à l'unanimité, aura lieu par le
tribunal d'appel, à la majorité d'une voix, ou à une majorité telle qu'en additionnant les deux minorités, on
aurait une majorité contre l'arrêt définitif? Le nombre
de sept juges en appel, prescrit par la loi de l'an viii, ne
peut être réduit sans que la justice en souffre et que le
tribunal d'appel en soit amoindri.

Mais le nombre total des magistrats dont on compose
ce tribunal est loin de répondre à ce qu'exigeraient
l'expédition des affaires et la bonne administration de
la justice. Ce nombre suffirait à peine avec la circonscription actuelle, comment serait-il proportionné à l'extension
donnée aux circonscriptions?

Les tribunaux d'appel sont tous réduits à la même
taille, et les circonscriptions diffèrent en étendue :
pourquoi ne pas opérer sur-le-champ leur classement
par la loi qui les institue?

Pourquoi ne pas reproduire les dispositions de l'article 6 de la loi du 20 avril 1810? et ne pas maintenir
la constitution du ministère public? Pourquoi ne pas
centraliser en ses mains l'action publique au lieu de
l'éparpiller entre celles des procureurs de la République?

Est-ce que le procureur général n'est pas aussi le procureur de la République? Quelle défiance peut-il inspirer? Comment ne voit-on pas qu'on désarme la société, la loi, le gouvernement, en divisant le ministère public, en ne conservant pas son action centrale et unique? Cela n'a pas besoin d'être démontré.

Pourquoi supprimer les substituts du procureur général? sans doute les avocats généraux font le service des audiences. Mais qui secondera le procureur général dans les travaux administratifs du parquet? Craint-on de lui donner trop d'importance? Croit-on qu'il n'est pas utile de former à son école de bons et laborieux magistrats? Les parquets ne sont-ils pas un excellent noviciat judiciaire?

Les tribunaux d'appel ont reçu du sénatus-consulte du 16 thermidor de l'an x la dénomination de Cour, et leurs membres celle de *Conseillers*. Le projet leur refuse cette distinction honorifique. Nous ne la réclamerions pas si elle n'était en usage, quoique nous soyons persuadé de sa convenance et de son utilité. Mais son abolition dégrade la partie supérieure de la hiérarchie judiciaire, le fronton de l'édifice, et nous croyons que c'est un dommage réel, causé par une puérile affectation d'égalité, si ce n'est par un principe de jalousie déplacée, ou ce qui serait pire, par une injuste défiance de l'ordre judiciaire.

Il y a des mots qui sont des choses.

Autant il faut maintenir avec soin le joug de l'égalité civile, de l'égalité devant la loi, imposé à tous les citoyens sans réserve ni exception, autant il est d'une bonne politique et d'une sage législation, d'élever, dans l'opinion, les institutions qui sont les boulevards de l'éga-

lité et du droit public et privé dont l'égalité est la base.
Les signes sensibles agissent sur les esprits. Ils pénè-
trent dans l'âme par les sens : leur influence est manifeste et universelle. Toutes les opinions, tous les partis,
tous les systèmes les emploient à leur tour et à leur profit, tant la puissance et l'efficacité de ces signes est unanimement reconnue. On peut disputer sur la forme, mais
qu'on ne s'y méprenne pas, elle n'est pas plus que le
fond une affaire de fantaisie ou de mode. Les signes
sensibles n'ont d'action qu'autant qu'ils sont autorisés
par la sanction, par la puissance des souvenirs et les
mœurs du temps.

Le mot Cour a été employé chez un grand nombre
de peuples, pour désigner une juridiction élevée, le
plus haut degré de juridiction. Les républiques des
États-Unis s'en servent. La constitution de l'État de
Maryland porte que *le chancelier et les juges ne peuvent être destitués que pour mauvaise conduite, et
qu'après avoir été convaincus dans une* Cour *de loi* (*Law
Court*). La République française de l'an III avait établi par sa constitution une haute Cour nationale. Dans
le projet de loi, on a conservé l'appellation de Cour
d'assises, au tribunal criminel et même par erreur, sans
doute, au tribunal de cassation, en l'art. 104 : pourquoi
enlever ce titre aux cours d'appel et à la Cour de cassation ? Le projet de constitution donne le nom de Cour des
comptes à la haute commission de comptabilité nationale.

Nous ne reconnaissons point d'inégalité entre les
personnes ; mais il est des inégalités établies entre les
institutions judiciaires par nos lois. Il y a des tribunaux
inférieurs et des tribunaux supérieurs. Pourquoi le lan-

gage ne serait-il pas l'expression du fait et du droit?
Pourquoi nivellerait-on par l'uniformité des dénominations des corps et des tribunaux que leur institution dif-
férencie et dont quelques-uns sont superposés aux autres?
On a prétendu que le mot *conseiller* ne répondait pas aux
fonctions de ceux qui le portent, on s'est trompé. La
Cour est un être moral et collectif, un *juge unique*,
qui a ses membres pour *conseillers*, c'est de la réunion
de leurs avis, de leurs conseils que se forme son arrêt.
Il est temps de renoncer à l'affligeante manie de
rompre avec le passé ou de rabaisser tout ce qui doit
être honoré et respecté. L'abaissement des administra-
tions, des magistrats judiciaires et des magistrats politiques qui gouvernent ou représentent le peuple, n'élève
ni ne glorifie celui-ci, il l'abaisse, au contraire, en
diminuant la grandeur extérieure de ceux qu'il a élevés.
C'est en honorant, en glorifiant les délégués, les instru-
ments de la souveraineté, les serviteurs de l'État et du
peuple qu'on fera respecter sa propre majesté. Le respect pour les autorités constituées est un grand moyen
d'ordre public. Il fait une partie essentielle des mœurs
d'un peuple libre.

Le tribunal de cassation éprouve aussi une réduction
dans le nombre de ses membres. Au lieu de quarante-
cinq magistrats qui le composent actuellement, les présidents exceptés, il n'en compterait plus que trentesept.
Ses trois chambres sont maintenues, mais les arrêts
qui doivent être, en ce moment, rendus par onze juges
pourront l'être par neuf.

En proposant ces changements, on n'a pas fait peut-
être assez d'attention à la composition nécessaire du
tribunal de cassation et à la nature de son service.

Suivant la marche naturelle des choses, la cour de cassation doit réunir dans son sein des hommes éprouvés
par de remarquables travaux ou de longs et utiles
services ; on y entre par l'âge autant que par la science
et la renommée. Il faut donc prévoir que malgré l'assiduité et le zèle qui ont toujours signalé ses membres,
l'assistance de tous à l'audience, souffre presque toujours
quelque exception. L'assistance à l'audience est d'ailleurs
le devoir le plus facile des juges de cassation. Ils sont
chargés, dans le cabinet, de nombreux et importants
rapports. Ces rapports se font par écrit. Après le jugement, les rapporteurs rédigent les arrêts et les qualités
de ces arrêts. Ce sont là des travaux considérables. Il
y a toujours quelques magistrats qui doivent en être
dispensés à cause de leur âge ou de la délicatesse de
leur santé, et leur contingent retombe à la charge des
autres. Ces magistrats continuent néanmoins d'assister
à l'audience et n'en ont pas moins la lumière et l'ornement de la cour.

Nous pensons que le nombre actuel des membres
de la Cour de cassation est nécessaire au bien du service.

Il ne nous appartient pas d'avoir un avis sur la nomination de ces magistrats. Ils ont été tour à tour nommés par les électeurs du second degré, par le sénat
conservateur et par le chef de l'État. On propose de les
faire nommer par l'Asssemblée nationale, sur la présentation du gouvernement.

Mais une innovation qui affecte l'institution elle-même
nous oblige, sans autre mobile qui le bien public et
l'honneur des principes à nous élever contre elle. On
propose de transformer la chambre des requêtes en une

autre chambre civile. Nous démontrerons, dans des observations spéciales, rédigées par un des membres de la cour, au nom duquel s'attache une grande autorité[*], que cette proposition est également contraire au but de l'institution, à l'expédition des causes et à l'intérêt des parties.

Les principales observations que nous a suggérées le titre de *la justice civile*, ont été produites au sujet de la compétence des juges de paix.

Nous ajouterons un mot à l'occasion de l'article 29 du projet de loi.

L'art. 141 du Code de procédure civile veut que la rédaction des jugements contienne l'exposition des points de fait et de droit, le motif et le dispositif de ces jugements.

L'art. 29 du projet de loi prescrit à tous les juges de séparer dans leurs jugements les questions de fait et les questions de droit, et de statuer sur les unes et les autres par deux dispositions distinctes et séparées, mais par un seul jugement.

C'est étendre singulièrement les dispositions corrélatives du Code de procédure civile. L'intention du projet est d'arriver à la conversion des juges en jurés pour statuer sur le fait. On tâche à distinguer de plus en plus le fait du droit. Scientifiquement parlant, cette entreprise est louable ; mais, dans la pratique, elle entraînerait de dommageables conséquences : deux instructions, deux plaidoiries distinctes ; elle multiplierait les ouvertures de cassation, en prescrivant, d'une manière absolue, une distinction, à laquelle la nature des choses répugne quel-

[*] M. le conseiller Troplong.

quefois, et qu'il serait difficile de tenter, dans certaines circonstances, sans péril, pour la validité des jugements. En Angleterre, dans toutes les affaires qui ne nécessitent point l'intervention du jury civil, les juges ne statuent pas séparément sur les questions de fait et de droit. — Il y a bon nombre de questions de légalité qui gisent en fait et de questions de fait qui gisent en droit.

Avant de nous engager dans l'examen des grandes questions que soulève le titre de la *justice criminelle*, disons un mot sur les pouvoirs plus étendus qu'il confère au juge d'instruction.

Aux termes de l'article 217 du Code d'instruction criminelle, pendant le délai qui s'écoule entre la réception des pièces de la procédure par le procureur général et le rapport de ce magistrat, la partie civile et le prévenu peuvent fournir des mémoires.

L'art. 34 du projet de loi accorderait au juge d'instruction, lorsque les circonstances de l'affaire le permettront, même avant l'instruction terminée, le droit de désigner un défenseur à l'inculpé et de lui donner communication des pièces.

Cette disposition renverserait toute l'économie de cette première phase de notre instruction criminelle. Le secret de la procédure en est l'âme et le principe. Nous jugeons cette innovation inadmissible.

Il en est autrement de l'article 35. Cet article aurait pour objet de donner au juge d'instruction, durant le cours de l'instruction, avec le consentement ou sur les réquisitions formelles du ministère public, le droit d'autoriser la mise en liberté provisoire d'un inculpé de délit ou de crime, avec ou sans caution. La Cour de

cassation a déjà donné son approbation à cette disposition[1]. — Toutefois elles nous semblent l'une et l'autre
hors de leur place. Elles appartiennent plus spécialement à un projet de loi sur l'instruction criminelle.

Passons maintenant à ces graves sujets : la *mise en
accusation*, la *compétence des tribunaux de police*,
la *juridiction correctionnelle*, l'*organisation du jury*.

C'est un grand parti à prendre que de supprimer la
chambre des mises en accusation pour rétablir le jury.
— C'est protester doublement contre l'expérience : contre une expérience qui a manqué, contre une expérience
qui a réussi.

Examinons quels sont les éléments d'un procès criminel.

Un crime a été commis; un officier de police judiciaire constate le fait. — Le devoir du magistrat est d'en
rechercher l'auteur et de le poursuivre. — La rumeur
publique, quelques témoignages, certaines circonstances
de fait désignent un individu. — Il est inculpé du crime.
— Les juges instruisent. — L'instruction terminée,
quelle sera la marche à suivre?

Selon la loi de 1790, et suivant le Code des délits et
des peines du 3 brumaire an IV, un jury d'accusation
était réuni. Le directeur du jury exposait l'objet de l'accusation. Une instruction insérée dans la loi et affichée
en gros caractères dans la salle de l'audience, avertissait
les jurés que leur mission n'était pas de rechercher
si le prévenu était coupable; mais s'il y avait de fortes

[1] C'est à l'époque où la Cour de cassation fut consultée sur quelques
changements à introduire dans le Code d'instruction criminelle, projetés à
l'occasion d'une proposition faite à la Chambre des députés par l'honorable
M. *Roger* (du Loiret).

présomptions, *un commencement de preuves détermi-
nantes à l'appui de l'accusation*. Le commissaire du
gouvernement lisait l'acte d'accusation. Après cette lecture, les témoins étaient entendus, ainsi que la partie
plaignante ou dénonciatrice si elle était présente. Ensuite les pièces de la procédure, *autres que les dépositions des témoins et les interrogatoires du prévenu,*
étaient remises aux jurés, qui statuaient sans désem-
parer.

Selon le Code d'instruction criminelle, l'instruction
est apportée à la chambre du conseil du tribunal de première instance. Si elle ne révèle pas des *indices suffisants
à la charge de l'inculpé*, la chambre du conseil déclare
qu'il *n'y a pas lieu à suivre*. Alors l'inculpé est libéré de
toute poursuite ; si au contraire il résulte de l'instruction *des indices graves* contre l'inculpé, la chambre du
conseil le met en prévention. D'*inculpé* qu'il était il devient *prévenu*. Ce n'est là qu'une première épreuve. La
prévention ne suffit pas pour qu'un inculpé soit soumis
aux solennelles et redoutables conséquences de l'accusation. L'intérêt public et l'intérêt privé réclament à la
fois un second examen : la partie publique peut se pourvoir contre le jugement de *non lieu*; ce jugement doit
d'ailleurs être rendu à l'unanimité. La *chambre des mises
en accusation* du tribunal d'appel forme le second degré
de juridiction ; elle statue sur le rapport du procureur
général. Elle peut ordonner, s'il y échet, des informa-
tions nouvelles ; elle peut également prescrire l'apport
des pièces servant à conviction. La partie civile et le prévenu produisent des mémoires s'ils le jugent à propos.
Lorsque l'instruction ne laisse apercevoir *aucune trace
de délit*, ou qu'elle ne constate pas des *indices suffisants*

de culpabilité, la chambre d'accusation ordonne la mise en liberté du prévenu. Dans le cas où elle aperçoit des *indices suffisants,* elle décerne une ordonance de prise de corps. Si elle estime que le fait, occasion de la poursuite, ne constitue qu'une simple contravention, elle renvoie l'inculpé devant un tribunal de simple police; si, elle le reconnaît pour un délit, devant le tribunal de police correctionnelle. Au cas où des charges suffisantes pour motiver la mise en accusation résultent de l'instruction, la chambre transforme le *prévenu* en *accusé* et la renvoie devant la cour d'assises.

Voilà les deux systèmes en présence.

Voyons comment on a passé de l'un à l'autre.

Le premier avait été adopté au début de la révolution comme une conséquence nécessaire du jugement par jurés dans les matières criminelles. En l'empruntant à l'Angleterre, on ne lui avait point emprunté la composition de son grand jury. On ne pouvait pas la lui emprunter. Cette composition étrangère à nos habitudes, opposée au mouvement des idées qui renouvelait tout en France, n'était pas compatible avec les institutions qui devaient les exprimer. Mais on ne se rendit pas compte de la différence qu'allait apporter dans la distribution de la justice, la composition si diverse du jury anglais et du jury français. L'événement se chargea de l'enseigner.

Dès l'an IV, c'est-à-dire l'année même de la promulgation de ce code *des délits et des peines* qui venait de donner une nouvelle vie à l'institution du jury d'accusation, le Directoire exécutif de la République transmettait au conseil des Cinq-Cents un rapport du ministre de la justice qui signalait la fausse et dangereuse

direction suivie par les *jurés d'accusation*. Le ministre
reprochait à ces jurés de rechercher 1° si le fait dénoncé
était un délit et de se constituer ainsi juges de la crimi-
nalité de l'acte ; 2° de s'ériger en censeurs du directeur du jury auquel appartenait seul le droit de qualifier les délits ; 3° d'ordonner incompétemment, la mise
en liberté des prévenus, sous le prétexte qu'ils avaient
été arrêtés par erreur, et de confondre sciemment ainsi
l'erreur de droit dont ils ne devaient pas connaître avec
l'erreur de fait ; 4° et enfin de s'arroger le droit de prononcer non-seulement sur l'existence ou la vraisemblance
du délit spécifié dans l'acte d'accusation, mais sur la culpabilité de son auteur.

Le message du Directoire que ce rapport accompa-
gnait, devint l'occasion de longues et savantes discus-
sions sur la composition des jurys, la question inten-
tionnelle et les jurys d'accusation.

La manière abusive dont les jurys d'accusation s'ac-
quittaient de leur mission, faillit compromettre l'institution tout entière. On peut en juger par un discours
très-remarquable, prononcé par J. P. CHAZAL, le 18
vendémiaire an v, à la tribune du conseil des Cinq-
Cents. Le dévouement de CHAZAL à la révolution et ses
principes républicains ne peuvent être révoqués en
doute. — « En Angleterre, disait-il, les grands jurys
« sont choisis parmi les grands propriétaires. C'est un
« hommage rendu au principe. Dans mon opinion, un
« juré est un expert criminel. — Un expert doit se con-
« naître à la chose. — L'expert criminel doit s'y connaî-
« tre plus encore que l'expert civil. — Il rend toujours
« un arrêt. — L'expert civil, au contraire, ne donne ja-
« mais qu'un avis soumis aux juges qui peuvent s'en écar-

« ter. Je trouve aussi absurde d'appeler à l'expertise des
« affaires criminelles, un homme étranger aux affaires,
« qu'il serait absurde d'appeler, à la construction d'un
« édifice, un musicien ou un danseur. — Les Anglais
« présument l'instruction où ils rencontrent la fortune.
« — L'instruction s'achète, la fortune a sans doute les
« moyens de l'acquérir. — Il valait mieux choisir dans
« les *légistes* et les *lettrés*. — *Parmi nous, on ne choisit*
« *pas, on prend les jurés partout ; le premier venu est*
« *bon.* — *Le moins expert peut être expert criminel.* —
« Je conçois qu'il en ait été ainsi chez les Francs, nos
« ancêtres. — *Ils n'avaient pas de lois écrites.* — *Ils*
« *étaient pairs d'ignorance comme de droit.* Mais, le
« conçoit-on chez *les Français du dix-huitième siècle ?*
« Dans une nation éclairée, un ignorant n'est qu'un
« grand enfant.

« Vous réformerez la composition de nos jurys, et
« plus sages que les Anglais, vous demanderez pour y
« entrer, au lieu d'un *marc d'argent*, un *marc de lu-*
« *mières.* La constitution et la déclaration des droits
« vous y autorisent. Elles ont consacré la distinction
« des talents avec celle des vertus... Déplacez seule-
« ment le choix et remettez-le libre au peuple. Le peu-
« ple a déjà celui des jurés de la haute cour. Il n'en a
« pas abusé contre vous, il n'en abusera pas contre lui-
« même. »

Plusieurs lois furent rendues pour remédier aux inconvénients signalés.

Celle du 7 pluviôse an ix, en maintenant le jury d'accusation, changea complétement la manière de procéder. Elle abolit l'instruction orale. Le jury fut réduit à
statuer sur la procédure écrite. Le directeur du jury

devait lui donner lecture de l'acte d'accusation et de
toutes les pièces qui y étaient relatives. La partie plaignante ou dénonciatrice n'était point appelée. Les témoins n'étaient ni appelés ni entendus. Les dépositions
des témoins et les interrogatoires du prévenu étaient
seuls remis au jury. Ce jury composé de huit citoyens
exerçait la délicate fonction de régler la procédure,
c'est-à-dire de statuer sur la qualification de l'infraction, sur l'ordre des compétences. Il décidait si le *prévenu* devait ou non échanger cette qualification contre
celle d'*accusé*, si la porte de la maison de justice allait
se fermer sur lui ou s'il devait jouir de sa liberté.

Pour conserver le jury d'accusation, le législateur
de l'an ix dénatura et corrompit l'institution.

L'excellence de l'institution du jury consiste en grande
partie dans la nature de l'instruction.

Avec le jury, l'instruction est purement orale ; il ne
s'agit pas, devant lui, de la forme plus ou moins régu-
lière d'une déposition, de sa légalité, de son authenti-
cité ; la parole, l'accent, la contenance du témoin, la
lucidité ou l'obscurité de sa narration, les contradic-
tions qui s'y mêlent, les révélations involontaires qui
s'y font jour et qui trahissent contre la volonté de celui
qui parle la résolution prise de se taire ou de dissimuler, sont pour la conscience des jurés, les véritables
éléments de conviction.

Il en est autrement pour les juges dans l'instruction
par écrit. Cette instruction a des règles, des formules,
des solennités ; elle ne vaut que par l'observance exacte
de ces choses, qui sont les garanties de l'accusé et du
public ; les juges y sont soumis. La loi détermine elle-
même les caractères de l'évidence légale. On peut dire

de l'instruction par écrit, ce que dit ingénieusement
de la justice en général notre vieux criminaliste Ay-
RAULT : *Il en est comme d'une monnoye publique,
tant que l'image et la forme du prince y est, elle s'appelle une monnoye, dont l'autorité et le crédit vaut
plus que l'or : ostez l'image, ce n'est désormais qu'une
masse, et rien plus. Ainsi est de la justice, qui en os-
tera l'ordre et la formalité.* L'instruction orale aban-
donne les jurés aux inspirations de leur conscience,
elle leur demande de n'interroger, de n'écouter que
leur conviction intime et morale. L'instruction écrite
ne permet pas aux juges de s'écarter de la voie légale.

On ne comprend pas des jurés statuant sur une instruction par écrit. Que voulez-vous que dise à leur
conscience cette monotone et froide lecture de propos
interrompus, de récits décolorés, d'interrogatoires sans
vie ? Vous leur déléguez une fonction à laquelle ils ne
sont point propres. C'est confondre une fois de plus le
jury d'accusation français avec les grands jurés anglais,
tous membres de la commission de paix du comté,
les jurés avec des magistrats faisant fonctions de jurés,
c'est-à-dire se déterminant par les inspirations de leur
conscience ou leurs impressions intimes, prononçant
d'après le droit naturel ou l'équité (*ex æquo et bono*),
et affranchis d'une obéissance servile aux préceptes du
droit positif.

L'expédient adopté par la loi du 7 pluviôse an IX ne
pouvait point remédier au mal.

Le constituant, le conventionnel TREILHARD, un des
principaux promoteurs de l'institution du jury, disait à
la tribune du corps législatif, le 7 novembre 1808 :
« Nous ne pouvons le dissimuler, le *jury d'accusation*

« tel qu'il existe n'a pas répondu aux espérances qu'on
« avait conçues de cet établissement ; trop souvent une
« poursuite qu'on n'aurait pas dû interrompre fut étouf-
« fée par une déclaration indulgente et peu réfléchie. *Le*
« *remède qu'on a cherché à opposer au mal n'est pas*
« *lui-même sans inconvénient ; des plaintes à cet égard*
« *se sont fait entendre plusieurs fois ;* il a donc paru
« indispensable d'organiser autrement cette partie. *Les*
« *mêmes hommes qui, témoins d'une instruction com-*
« *plète, donnent un bon résultat de leur profonde con-*
« *viction, ne sont pas toujours aussi propres à décider*
« *sur un premier aperçu (nécessairement incomplet,*
« *puisqu'on n'a sous les yeux ni les accusés ni les té-*
« *moins), s'il y a lieu ou non à mettre en accusa·*
tion. »

C'est dans ces circonstances que le législateur cons-
titua en cette partie, l'ordre actuel des juridictions. On
nous propose de revenir purement et simplement au
jury d'accusation tel que l'avait transfiguré la loi de
l'an ix.

C'est retomber dans la contradiction, dans le contre-
sens que nous venons de signaler. On établit un jury
pour connaître d'une procédure écrite. On donne à des
jurés un instrument qu'ils ne sont pas aptes à manier.
On leur refuse celui qui leur est propre. Au lieu de tout
concilier, par cet amalgame on associe deux choses in-
conciliables, et qui ne peuvent se convenir.

La tendance naturelle des jurés d'accusation est de s'é-
riger en jurés de jugement. Ils confisquent la compétence
de la cour d'assises au profit de la leur. Ils ne veulent
pas comprendre que dire *oui* sur l'accusation, ce n'est
pas condamner, tandis que dire *non,* c'est absoudre.

Cette idée est trop compliquée pour la plupart d'entre
eux.

Le jury de jugement, ajoutait Treilhard, nous ai-
mons à le laisser parler, car nous ne saurions mieux
dire, *manifeste ce qu'il sent fortement, d'après une
entière connaissance du fait. Le jury d'accusation au
contraire doit raisonner sur ce qu'il connaît, pour former une présomption sur ce qui est encore inconnu :
ce calcul étonne des hommes qui n'y sont pas exercés;
dans cet embarras, la balance entre l'accusateur et
l'accusé n'est pas toujours tenue d'une main bien sûre.
Il faut donc, en plaçant ailleurs le droit de déclarer
s'il y a ou non, lieu à accusation, mettre également à
couvert l'intérêt social et l'intérêt individuel de l'accusé.*

Les jurés d'accusation ne manqueraient pas seulement de lumières, ils manqueraient d'indépendance et
d'impartialité. Connus d'avance, souvent domiciliés
dans le voisinage du lieu du délit, entourés des parents,
des amis, des ennemis, des envieux du prévenu, ils sont
exposés à tous les piéges de la séduction, de l'intérêt ou
de la crainte. L'importunité, les considérations personnelles, l'intérêt de la conservation de leurs propriétés
plus ou moins menacées par certains crimes, une fausse
pitié, quelquefois l'opinion exagérée d'un danger auquel il importe de parer par la rigueur des poursuites,
les circonviennent, troublent leur intelligence, et cor-
rompent leur déclaration.

Il ne faut pas se dissimuler les difficultés de la tâche
imposée aux jurés d'accusation. Indépendamment des
circonstances de fait dont il faut qu'ils apprécient les
apparences, car les indices ne sont que des appa-

rences, de simples indications, comme le démontre la formation même du mot; on leur demande de résoudre des problèmes de philosophie très-compliqués. Il faut qu'ils discernent la limite qui sépare la *présomption* de la *preuve* : les caractères propres aux différents ordres de présomption : les conditions dont la réunion donne à ces présomptions la consistance nécessaire pour qu'elles deviennent de justes éléments de décision ; enfin, ils doivent mesurer la distance qui sépare les présomptions établies par la loi, les présomptions légales, des présomptions abandonnées à la raison et à la conscience de l'homme. Peut-on investir d'une telle mission les premiers venus ?

On voit que Chazal était fondé à s'étonner que parmi nous ils fussent trouvés capables de remplir à l'improviste les fonctions de jurés d'accusation.

Les Anglais, en adoptant le jury d'accusation, l'ont autrement composé. Ce n'est pas à un nombre compétent de jurés sensés et probes choisis dans la classe moyenne, comme ceux qui forment le jury de jugement, qu'ils ont remis le pouvoir de statuer sur les mises en accusation. C'est à un grand jury, convoqué par le shériff, à chaque session *de la paix*, au nombre de vingt-quatre hommes *bons et légitimes* du comté, pris dans chaque centurie, et choisis parmi les *gentlemen* les plus considérables et les plus considérés de la contrée. Ils doivent être au moins douze, et jamais plus de vingt-trois, afin que la majorité soit toujours de douze au moins.

Le grand jury est composé des principaux propriétaires du comté, et entre autres de presque toutes les personnes qui font partie de la commission *de la paix.*

Il n'y a pas de lois qui déterminent les conditions requises pour faire partie du grand jury, mais il est d'usage de ne jamais appeler que les citoyens les plus distingués, par la fortune et la considération dont ils jouissent dans la province, et en Angleterre, les mœurs sont plus puissantes que les lois. Chacun se fait un honneur d'être du grand jury, et quoiqu'il n'y ait que vingt-trois personnes dont la présence soit légalement nécessaire pour constituer un grand jury, le shériff, par courtoisie, pour les personnages considérables de la contrée, en comprend quelquefois jusqu'à cent sur sa liste.

Le juge expose au grand jury son enquête, article par article ; il se retire ensuite pour recevoir les accusations. Le jury ne doit entendre que les témoignages produits au soutien de l'accusation, car un *verdict d'accusation* est une simple affirmation que l'enquête est suffisante pour nécessiter un jugement et obliger l'accusé à comparaître devant le jury de jugement. Ce jury est convoqué en même temps que le grand jury ; ils siégent le même jour, à côté l'un de l'autre, le grand juge présent ; il y a économie de temps et d'argent.

En Angleterre, le jury d'accusation n'est point une institution populaire ou démocratique ; elle est au contraire dans son origine, comme dans la pratique, toute aristocratique. Du temps de Bracton [1], à chaque assise ou tournée des juges dans les différents comtés, chaque canton fournissait douze chevaliers, lesquels avaient le droit de présenter (c'est de là qu'est venu le mot *presentment* pour accusation) aux juges les noms de ceux de leur arrondissement qui étaient soupçonnés d'un

[1] *Cap.* 143 ; *Hist. of the English Law*, t. II, *cap.* 4, *p.* 31.

crime ou d'un délit. Les juges n'étaient pas tenus de suivre l'indication donnée par les chevaliers : ils examinaient la valeur des indices qui avaient déterminé l'opinion des jurés, et prononçaient d'après leur propre conviction. Peu à peu cette autorité des juges diminua, et dès le temps du FLETA [1], il paraît que les chevaliers de la *centéne* décidaient seuls s'il y avait lieu ou non à poursuivre. Les Anglais sont très-jaloux de leurs libertés et savent les maintenir ; ils entendent autrement l'égalité que nous. Nous ne pouvons emprunter leurs lois, car nous ne voulons pas abjurer nos mœurs : et les lois sont impuissantes quand elles ne sont pas en harmonie avec les mœurs. Ils sont les Anglais et nous sommes et nous devons demeurer Français.

Il est de la nature de l'institution que l'homme dans le juré efface le magistrat : ce qui se passe dans les jugements en est la preuve. Il faut plus de capacité, d'intelligence et d'instruction pour être juré d'accusation que pour être juré de jugement. Il y a toujours dans la déclaration sur l'accusation une complication du droit et du fait, elle emporte toujours une qualification légale.

Nous ne pensons pas que le rétablissement du jury d'accusation soit utile.

Si ce rétablissement devait avoir lieu, nous réclamerions contre le privilége accordé ou plutôt contre la charge imposée aux jurés domiciliés au chef-lieu de département. Si les jurés ne devaient pas être appelés indistinctement, nous croyons qu'il vaudrait mieux qu'ils fussent choisis dans tout le département, comme les jurés de jugement. Il serait à craindre, dans le système du

[1] *Lib. I, cap.* 18, § 4 *et* 5.

projet de loi que les citoyens vraiment capables ne cherchassent à se dérober à un service pénible sous tous les rapports, et que d'autres ne cherchassent, par leur complaisante assiduité à se procurer, par l'exercice répété de ces fonctions, une importance qui ne serait pas en rapport avec la considération dont ils jouissent. On aurait à redouter qu'il ne se formât une classe de jurés banaux qui déconsidéreraient l'institution et diminueraient considérablement les garanties qu'on lui demande.

Si l'on n'admet pas le jury d'accusation, il faut conserver les chambres d'accusation.

L'inculpation, la prévention, l'accusation s'enchaînent dans notre organisation actuelle et forment un système bien lié.

L'accusation attribuée à ce qu'il y a de plus élevé dans la juridiction est dans l'esprit de l'institution anglaise qui l'attribue à ce qu'il y a de plus considérable dans la société. Les chambres d'accusation sont notre grand jury; on semble s'être conformé à la pensée de Chazal, on n'a pas demandé, à la propriété, la garantie de la capacité, on l'a demandée à l'expérience; on a substitué au *marc d'argent* le marc *de lumières*.

Si la chambre d'accusation est composée de jurés permanents, on accorde à l'accusé une garantie qui équivaut au moins à la mobilité du jury, dans le double degré de juridiction. Avec le jury d'accusation, il n'y a pour celui qui a le malheur d'être soupçonné et poursuivi, que deux états, la prévention et l'accusation. Il est immédiatement prévenu, c'est l'accusateur qui le constitue en prévention, et il a d'abord à répondre sur un acte d'accusation. Avec la chambre d'accusation, celui qui est *inculpé* peut n'être pas même *prévenu*. Les premiers juges, la chambre du conseil peuvent le renvoyer de la plainte et l'exonérer de la poursuite par une déclaration de *non lieu*. Ce n'est pas tout : un second examen a lieu d'office et précède dans tous les cas le renvoi devant la cour d'assises.

Le jury d'accusation était composé de huit personnes. La chambre du conseil et la chambre d'accusation composent ensemble un *quorum* de huit magistrats. Elles statuent séparément, successivement, sur deux rapports différents. La délibération du jury intervient après un seul examen de la procédure fait simultanément par huit jurés sur le rapport d'un seul officier du ministère public. Le rapprochement nous semble démontrer que le prévenu doit trouver plus de chances favorables, plus de garanties dans le jugement par la chambre d'accusation que dans le jugement du jury.

A la conservation des chambres d'accusation est liée l'évocation des instructions criminelles par les cours d'appel; ces chambres sont l'instrument nécessaire et toujours prêt de ces évocations. La nécessité de ces évocations est évidente ; elles sont surtout réclamées lorsque des circonstances graves frappent d'impuissance ou de suspicion les juridictions locales, et que l'exaltation des passions force de recourir à une magistrature dont l'impartialité ne peut être soupçonnée, parce qu'elle est étrangère et dont l'autorité est plus grande, parce qu'elle est plus élevée et qu'elle vient de plus loin. C'est un puissant motif pour conserver la chambre d'accusation.

Le maintien de l'ordre des compétences est également intéressé à ce que ces chambres continuent à distribuer entre les diverses juridictions criminelles les affaires dont l'instruction est achevée. Cette distribution n'a rien de contraire à l'indépendance des tribunaux, puisqu'elle n'est point attributive, mais seulement déclarative de la compétence. Elle a l'avantage de donner un centre commun à toutes les juridictions du ressort, de multiplier leurs relations, et de maintenir l'uniformité de jurisprudence. Elle importe enfin à la hiérarchie, à l'unité du corps judiciaire et à sa dignité.

On ne saurait plus alléguer que les chambres sont inoccupées : l'ordonnance du 8 août 1844 y a pourvu en les autorisant à connaître des affaires civiles. On pourrait peut-être les réunir aux chambres des appels de police correctionnelle, ou, si on le préférait, ne les former que temporairement de membres empruntés aux chambres civiles. L'important est de conserver le système et la juridiction qui satisfont à tous les besoins.

On propose de maintenir les tribunaux de police; et l'on étend leur compétence. On veut qu'ils connaissent en premier ressort de tous les délits passibles d'un emprisonnement de trois jours à un mois ou d'une amende de 16 à 100 fr.

Pour établir plus solidement en France l'unité de législation, l'Assemblée constituante voulut y ajouter un mode uniforme de rendre la justice : elle reconstruisit sur ce plan les diverses branches de la juridiction nationale.

La juridiction criminelle embrasse toutes les infractions à la loi qui mettent en péril la paix publique, la sûreté générale, les personnes et les propriétés. Ces infractions sont plus ou moins graves, selon qu'elles font courir à l'État ou aux citoyens un plus grand péril, Les plus graves de ces infractions sont les *crimes*. Ils sont du ressort de la justice criminelle proprement dite; ils constituent ce qu'on appelait autrefois le *grand criminel*.

Les infractions moins graves et plus fréquentes, celles qui troublent la paix publique ou portent atteinte à la sûreté et aux droits des personnes, sans les compromettre gravement, constituent les *délits* ou le *petit criminel*.

Les délits ressortent de la juridiction de police correctionnelle.

La *police*, dans la signification la plus étendue du mot, signifie *ce qui sert de fondement et de règle à la société civile*. On peut la définir : *la pratique de tous les moyens d'ordre, de sûreté et de tranquillité publique*. Mais, dans un sens plus restreint, la *police* est le maintien de l'ordre et de la règle dans les choses nécessaires à la vie et dans les rapports journaliers des hommes entre eux, en tant que ces rapports tombent, de leur nature, sous la surveillance de l'autorité.

Les infractions qui portent une atteinte publique, plus ou moins appréciable, au repos des cités et à la sûreté privée sur tous les points du territoire, constituent les *contraventions* ou *faits de police*.

L'Assemblée constituante en attribua la connaissance aux municipalités, sorte de juridiction domestique qu'elle jugea la plus favorablement placée pour l'exercer.

L'institution municipale obtint, à cette époque, un grand développement. Les communes, fières de leur complet affranchissement, aspiraient à la puissance politique.

Le Code du 3 brumaire an IV abrogea la loi du 11 juillet 1791 et établit, dans chaque administration municipale, un tribunal de simple police composé du juge de paix et de ses assesseurs.

Le Code d'instruction criminelle a maintenu cette juridiction en accordant aux maires des communes non chef-lieu de canton, concurremment avec les juges de paix, le droit de connaître des contraventions commises dans l'étendue de leur territoire, lorsque la partie réclamante conclut, pour ses dommages-intérêts, à une somme déterminée qui n'excède pas 15 francs ; jusqu'ici, cette juridiction ne peut condamner qu'à une amende de cette quotité, ou au-dessous, et à un emprisonnement de cinq jours et au-dessous.

C'est cette compétence ainsi répartie qu'il s'agit d'étendre.

Présente-t-elle des garanties suffisantes pour qu'on l'autorise à prononcer un emprisonnement de trois jours à un mois et une amende de 16 à 100 fr.?

L'organisation du tribunal nous semble résister à cet accroissement de pouvoir.

Il est composé d'un juge *unique*, soit le juge de paix, soit le maire, et le droit d'appeler de leurs jugements quand ils acquittent les contrevenants, est refusé au ministère public.

Une semblable combinaison est peu favorable au maintien d'une bonne police.

Si l'on recherche ensuite à quels délits s'appliquera l'extension de compétence proposée, on trouve qu'elle est à peu près nulle en ce qui concerne les *délits ordinaires*. — En effet, ce n'est pas la peine prononcée qui détermine la compétence du juge, c'est le *maximum* de la peine portée* par la loi; et il n'y a dans tout le Code pénal que cinq articles dont le projet de loi puisse attribuer l'application aux tribunaux de police, ce sont les art. 135, 154, § 2, 199, 225 et 453, § 2.

Cet accroissement de compétence n'aurait guère plus d'utilité pratique à l'égard des *délits spéciaux*. Il n'amènerait devant le tribunal de police qu'un très-petit nombre de *délits ruraux*. La loi du 6 octobre 1791 omet la plupart du temps de prononcer contre ces délits une amende de quotité; elle se contente de prescrire aux juges d'arbitrer l'amende et de la proportionner aux dommages-intérêts dont elle tient lieu; dès lors l'amende est indéterminée et ne peut être prononcée en dernier ressort par le tribunal de police. Il en est de même quand le ministère public agit d'office comme dans les cas prévus par l'art. 11 de la loi du 3 mai 1844 *sur la chasse.*

On est donc fondé à croire que c'est surtout pour attribuer la connaissance des délits *forestiers* au tribunal de police que l'article 51 et l'article 53 du projet ont été rédigés; sous ce point de vue, ils sont dignes d'une sérieuse attention. La généralité de leurs termes emporte l'abrogation complète de l'article 179 du *Code d'instruction criminelle* qui investit *les tribunaux de police correctionnelle de la connaissance de tous les délits forestiers poursuivis à la requête de l'administration.*

L'importance et la nécessité de cette disposition a déterminé le législateur à la reprendre et à lui imprimer une nouvelle sanction en l'inscrivant dans le *Code forestier*. L'article 171 de ce Code dispose que *toutes les actions et poursuites au nom de l'administration des forêts sont portées devant les tribunaux correctionnels, lesquels sont seuls compétents pour en connaître.*

L'intérêt de la conservation des forêts a dicté ces lois. Les forêts, cette branche importante de la richesse publique, ont plus que jamais besoin de protection ; elles se dépeuplent, et sont journellement dévastées. De nombreux défrichements les font disparaître du sol que protégeaient leurs salutaires ombrages contre les progrès d'une aridité qui le rend stérile et qui est la conséquence nécessaire des sécheresses causées par les abus du déboisement. Personne ne conteste la nécessité d'encourager les particuliers, par des dispositions législatives et des mesures d'administration, à replanter les montagnes. Ce n'est donc pas le moment de livrer sans défense ce qui reste de nos bois, aux entreprises de populations aveugles et imprévoyantes qui détruisent, en les ravageant, les ressources de l'avenir.

Ce n'est pas sans raison que le législateur a refusé aux juges de paix et aux maires la connaissance des délits forestiers ; il a redouté l'impunité. Ces magistrats isolés au milieu des habitants des campagnes, chez lesquels ces sortes de délits dégénèrent en habitude et qui les considèrent souvent comme l'exercice d'un droit, sont présumés n'avoir pas la force nécessaire pour faire respecter ce genre spécial de propriété, et la loi qui veille à sa conservation. Dans un grand nombre de cantons, la plupart des justiciables sont poursuivis pour délits forestiers : comment espérer du juge de paix une juste sévérité contre des délinquants nombreux qui le cernent de toutes parts, avec lesquels il a des relations habituelles, et que l'opinion locale est presque toujours disposée à excuser, et même à justifier. Le législateur a tellement redouté l'indulgence, en cette matière, et il a si bien apprécié la difficulté qu'ont les tribunaux à s'en défendre, qu'il s'est chargé de prémunir, contre elle les juges de police correctionnelle, en leur prohibant par l'article 203 du Code forestier d'appliquer à ce genre de délits, les dispositions de l'article 463 du Code d'instruction criminelle qui autorisent la modération de la peine.

Le nombre des délits forestiers que jugent les tribunaux correctionnels, s'élève chaque année, à soixante et dix mille environ, dont la plupart sont passibles d'une amende et d'un emprisonnement compris dans les limites de l'article 51 du projet.

A la vérité, l'article 52 autorise l'appel devant le juge délégué d'arrondissement.

Ainsi cette branche importante de la juridiction sera exercée par un *juge unique* en première instance et un *juge unique* en cause d'appel. N'est-il pas contre la raison e contre toutes les idées reçues, que le tribunal d'appel ne soit pas supérieur en nombre au tribunal dont est appel ? Sur quelle présomption de la loi peut être fondée la supériorité infaillible de son intelligence ou de ses lumières ? pourquoi et comment le juge délégué aura-t-il nécessairement plus de rectitude d'esprit que le juge de paix ?

De plus, la fréquence de l'appel, suite inévitable de la faiblesse du premier juge, sera cause qu'il y aura presque toujours deux procès au lieu d'un, car l'administration sera, dans une multitude de cas, contrainte de recourir au juge supérieur. De là, accroissement de dépenses pour l'État et perte de temps irréparable et aggravante pour les justiciables.

Il a tout lieu de soupçonner que l'amélioration ou le perfectionnement de la juridiction de simple police ne soit pas la véritable cause de cette fâcheuse innovation. On était décidé à renvoyer devant le jury les affaires correctionnelles; on a senti la nécessité de l'exonérer du jugement de soixante et dix mille affaires par an. Il ne serait pas impossible, d'un autre côté, que la résolution de supprimer les tribunaux d'arrondissement n'ait déterminé l'établissement du jury correctionnel. Que de conséquences funestes peut entraîner un faux système!

Le projet de loi supprime les tribunaux de police correctionnelle, il les remplace par un jury composé de huit jurés au moins, se réunissant en assises, tous les mois, au chef-lieu de chaque arrondissement sous la présidence du juge délégué.

Des motifs de toute nature se présentent en foule pour faire rejeter cette proposition. Nous nous contenterons d'en développer quelques-uns.

On n'a jamais réclamé, en France, l'application du jury aux affaires correctionnelles, comme une garantie de la liberté individuelle, et comme une condition de cette sécurité générale qui attache les citoyens à la patrie. Elle est inconciliable avec les principes de notre législation. Elle entraînerait des charges énormes pour les citoyens et pour le trésor.

Lorsque le jury a été introduit en France, l'Assemblée constituante ne l'a appliqué qu'aux infractions emportant peine afflictive ou infamante, et a renvoyé la connaissance des infractions moins graves aux tribunaux jugeant sans jurés. Ceux mêmes qui demandaient l'intervention du jury dans les affaires civiles, ne la demandaient point dans les affaires correctionnelles. La distinction nécessaire entre le criminel et le correctionnel, sur le fait de la juridiction, est proclamée dans le préambule de la loi des 19-22 juillet 1791. Le titre ii de cette loi organise la juridiction correctionnelle.

Cette distinction et cette juridiction ont été maintenues lors de la nouvelle organisation judiciaire décrétée par la Convention nationale, à la suite de la constitution de l'an iii. Les dispositions du Code du 3 brumaire an iv établissent un ordre de choses que notre Code d'instruction criminelle suit d'assez près.

L'Assemblée constituante et la Convention n'ont fait en cela qu'imiter l'exemple du pays auquel nous avons emprunté le jury ; en Angleterre, une multitude d'infractions punies même de peines corporelles assez graves, sont jugées sans jurés. Cette forme de procéder connue sous le nom de *conviction* sommaire (*summary conviction*), est appliquée d'abord à toutes les contraventions fiscales, et ensuite aux délits qu'une législation particulière y soumet. Elle reçoit chaque jour et a reçu dès longtemps de si nombreuses applicalions que BLACKSTONE [1] s'en plaignait déjà, témoignant la crainte que si on s'abandonnait à cette tendance alors universelle, le jugement par jurés ne fût réduit bientôt aux accusations capitales.

Il nous serait difficile d'expliquer pourquoi les raisons qui ont satisfait deux grandes assemblées passablement jalouses des libertés publiques, quand elles fondèrent parmi nous, l'une un gouvernement libre, l'autre le gouvernement de la République, ne nous paraîtraient plus satisfaisantes aujourd'hui.

L'expérience qu'on a faite pendant un demi-siècle du système actuellement en vigueur, en a montré la bonté ; et il doit d'autant moins exciter les susceptibilités de l'esprit de liberté, que depuis 1830, les lois ont transporté au jury la connaissance des délits de presse et des délits politiques. Si l'on craint que ces lois n'aient pas pourvu à tout ce que peut exiger le soin de la liberté politique, on peut examiner si leurs dispositions en cette matière ont besoin d'être étendues et complétées. Il n'est pas nécessaire pour cela d'abolir la juridiction des tribunaux en matière correctionnelle.

La substitution du jury à ces tribunaux est d'ailleurs inconciliable avec notre législation. Elle y apporterait une telle perturbation, qu'il faudrait la reviser et la remanier profondément.

Nous avons déjà remarqué que l'institution du jury est intimement unie à l'instruction orale. Nous avons dit aussi qu'elle rejette énergiquement le système de la preuve légale.

[1] Liv. IV, chap. xx.

Or, l'article 154 et l'article 189 du Code d'instruction criminelle veulent que les juges, quand il s'agit de certains délits, puisent dans les procès-verbaux produits devant eux, les éléments de leur conviction. Ils attribuent à ces actes le caractère de l'évidence légale, et ce n'est qu'en l'absence ou en cas d'insuffisance des procès-verbaux, que la loi autorise l'admission de la preuve orale.

Le procès-verbal sera-t-il de ceux qui font foi jusqu'à inscription de faux? que feront les jurés s'ils sont contraints de se soumettre à la teneur de l'instrument officiel? leur intervention sera dérisoire. — Si on leur laisse, au contraire, le droit de n'obéir qu'à leur conviction intime, notre législation tombe et, avec elle, s'évanouissent les sages précautions prises pour assurer la répression de délits très-nombreux qui portent à la fortune publique de dommageables atteintes.

Les délits légalement constatés par des procès-verbaux faisant foi jusqu'à inscription de faux, sont :

Les contraventions en matière de douanes (art. 11 de la loi du 9 floréal an vii).

Les contraventions en matière de contributions indirectes (art. 8 de la loi du 9 ventôse an xii, et 26 du décret du 1er germinal an xiii).

Les délits forestiers (art. 176 et 177 du Code forestier), et il faut remarquer à l'égard de ces derniers qu'il en est plusieurs qui sont d'une très-grande importance, par exemple, les malversations commises par les adjudicataires dans l'exploitation de leurs coupes.

Quand le procès-verbal ne fait pas foi jusqu'à inscription de faux, il fait foi jusqu'à preuve contraire, en sorte que si cette preuve contraire n'est pas produite, le délit est légalement prouvé. Il y a là encore quelque chose d'incompatible avec l'institution des jurés que la loi affranchit de toutes règles.

Il y a plus, le jury est surtout juge et appréciateur de l'intention, et notre législation, dans un grand nombre de cas, fait consister la contravention dans l'acte matériel, abstraction faite de l'intention de son auteur.

Il est manifeste que le jury n'est point apte à juger en cette matière, ce serait le mettre en contradiction avec lui-même. On ne peut demander à des jurés qui sont par excellence les juges de la moralité de l'action, de faire abstraction de cette moralité. Dès lors, ou il faudra attribuer à d'autres juges la connaissance des contraventions, ou un grand nombre d'entre elles échappera à toute répression, et les dispositions législatives calculées pour préserver de graves périls la sûreté des personnes, des propriétés, et l'ordre public, seront frappées d'impuissance.

Au nombre de ces contraventions, qu'on peut ranger parmi les délits, à cause de la peine qui y est attachée, nous signalerons :

En matière d'imprimerie, l'impression sans déclaration préalable, la mise en vente sans dépôt, l'omission du nom de l'imprimeur, l'imprimerie clandestine (art. 13, 16 et 17 de la loi du 21 octobre 1814).

En matière de presse périodique, la publication d'un journal politique sans déclaration préalable et sans cautionnement, ou sans dépôt au parquet d'un exemplaire signé du gérant, le refus d'insertion d'une réponse (art. 6 de la loi du 9 juin 1819, — 4 et 8 de celle du 18 juillet 1828, — 11 de celle du 25 mars 1822, et 17 et 18 de celle du 7 septembre 1835).

En matière de chemins de fer, toute contravention aux ordonnances, portant règlement sur la police de ces chemins, et aux arrêtés pris par les préfets, pour l'exécution de ces ordonnances (art. 21 de la loi du 15 juillet 1845).

En matière de police sanitaire, toute contravention aux règlements généraux ou locaux, et aux ordres des autorités compétentes (art. 14 de la loi du 3 mars 1822).

En matière d'armes prohibées ou d'armes de guerre, la fabrication, la distribution ou la simple détention (art. 1, 2, 3, 4 de la loi du 24 mai 1834).

Cette énumération, à laquelle il faudrait joindre tous les délits fiscaux, et, comme nous l'avons dit, soixante-neuf ou soixante-dix mille délits forestiers chaque année, montre assez l'importance des dispositions dont les jurés ne sauraient faire une appréciation satisfaisante.

Ils seraient appelés, en outre, à statuer sur les contraventions aux lois relatives à l'instruction publique, à l'exploitation des mines, à la tenue des registres de l'état civil, aux banqueroutes simples, aux escroqueries et abus de confiance, aux contrefaçons, aux lois et règlements concernant les notaires, les greffiers, les huissiers, l'exercice illégal de la médecine et de la chirurgie et la police de la pharmacie.

Il nous est impossible d'épuiser cette nomenclature, elle suffit pour démontrer que ces jurés que l'on improvise pour la première fois, seraient investis du droit de prononcer souverainement dans des affaires innombrables, difficiles, compliquées, dans celles où les ques-

7

tions de fait et de droit sont le plus souvent indissolu-
blement liées.

L'étude des statistiques aurait pu faire connaître aux
auteurs du projet de loi qu'un grand nombre de jugements correctionnels, quelquefois quarante sur cent,
sont réformés en appel en tout ou en partie ; ils auraient
pu facilement en conclure que ce n'est pas trop de deux
degrés de juridiction pour statuer sur ces délits, et que
des tribunaux composés de juges voués par état à l'étude
de la législation, peuvent seuls pourvoir à l'application
de tant de dispositions diverses dont la combinaison est
souvent difficile à saisir, même pour les hommes de la
science.

Les actions en police correctionnelle sont très-sou-
vent accompagnées de demandes en dommages et intérêts. Il est permis de craindre que l'appréciation de ces
dommages par les jurés ne dégénère, dans certaines
occasions, en abus et en oppression. Les membres d'un
jury fortuitement rapprochés pour un instant, irrévo-
cablement séparés l'instant d'après, agissant peut-être
sous l'impression de l'esprit de parti, de la prévention
publique, d'un événement récent qui a ébranlé les âmes,
sont exposés, dans une opération de cette nature, à
violer involontairement les lois de l'équité.

L'institution du jury en matière correctionnelle ferait,
en outre, peser sur les citoyens et sur le trésor public,
des charges dont il est bon de se rendre compte.

Selon le projet de loi, il y aurait dans chaque arrondissement au moins une session par mois, et cela est
indispensable pour ne pas aggraver le sort des prévenus
et pour que la répression suive d'assez près le délit.

Vingt-quatre jurés doivent être appelés pour chaque session, afin qu'il en vienne un nombre suffisant et qui permette d'exercer sérieusement le droit de récusation.

Il y a trois cent soixante arrondissements en France, *Paris* excepté, ce qui donne quatre mille trois cent vingt sessions de police correctionnnelle par an. — Il n'est pas possible d'admettre, qu'il n'y aura pas un grand nombre d'arrondissements dans lesquels une session mensuelle ne suffira pas, et où il faudra en tenir plusieurs chaque mois. A *Paris*, par exemple, le tribunal correctionnel est divisé en deux chambres : il juge sans vacances, et prononce sur plus de dix mille affaires par an, il faudra, pour les faire juger par un jury, au moins quarante-huit sessions chaque année, lesquelles, jointes à celles du reste de la France, donneront un total de quatre mille trois cent soixante-huit : abstraction faite des sessions que réclamera l'urgence des services dans plusieurs autres grandes villes.

A vingt-quatre jurés par session, il y aura nécessité de convoquer chaque année cent quatre mille huit cent trente-deux jurés.

Les statistiques nous apprennent que le chiffre des jurés défaillants qu'il faut déduire de ce nombre, ne représente que la septième ou la huitième partie des jurés appelés.

Il suit de là qu'on doit compter sur quatre-vingt-dix mille sept cent quatre-vingt-douze jurés faisant effectivement le service correctionnel. A ce nombre, si le projet de loi était adopté, il faudrait ajouter huit mille autres jurés composant les jurys d'accusation et additionner ensuite ce nombre de cent sept mille sept cent quatre-vingt-douze nouveaux jurés et celui de douze mille six cent dix que représente le nombre des jurés qui font aujourd'hui le service des cours d'assises. Voilà donc près de cent vingt mille citoyens obligés de se déplacer annuellement, et de passer plusieurs jours hors de chez eux, car ils n'auront pas à juger moins de cent quarante-cinq mille procès. La durée des sessions pourra être longue. Dans chaque affaire, il faudra procéder au tirage des jurés, à une double récusation par les prévenus et par la partie publique, à un double verdict, le premier portant déclaration de la culpabilité, le second, application de la peine et appréciation des dommages-intérêts. — Le temps consumé par les opérations donne la mesure des frais.

La conséquence à tirer de ces calculs, c'est qu'il faudrait multiplier par neuf le nombre des jurés que la justice criminelle met en mouvement aujourd'hui; de telle sorte que si aujourd'hui chaque juré est appelé une fois tous les trois ans, il devrait l'être, à l'avenir, trois fois par an.

Il est vrai que le projet de loi répartit cette charge sur l'universalité des citoyens. Mais nous dirons tout à l'heure pourquoi nous ne pensons pas que ce moyen de dégrèvement soit sérieux et efficace.

Le trésor porterait sa part de la surcharge. Aujourd'hui on inscrit au budget, pour faire face aux indemnités des jurés appelés aux cours d'assises, une somme de deux cent mille francs. Comme ces indemnités sont calculées, en raison de la distance que parcourent les jurés, et qu'il n'est rien alloué à ceux qui sont éloignés de moins de deux kilomètres, il est difficile d'indiquer avec précision la somme qui serait nécessaire pour le service correctionnel ; mais on croit sans exagération pouvoir la porter approximativement à un million, au moins.

Suivant l'article 61 du projet de loi, la cour d'assises n'est plus une prorogation du tribunal d'appel, elle devient une simple délégation du tribunal de première instance.

Ainsi par une seule disposition, la première juridiction civile et la première juridiction criminelle se trouvent abaissées d'un degré. Le tribunal d'appel cesse d'être le centre et le sommet de l'ordre judiciaire du ressort ; il perd la direction et la présidence des cours d'assises. De leur côté, les cours d'assises présidées par un magistrat sorti des rangs d'un tribunal inférieur, ne participent plus à la dignité et à la haute considération dont sont investis les tribunaux d'appel qui rendent souverainement la justice [1].

Ce n'est pas assez. Le président d'assises n'aura point d'assesseurs.

C'est la troisième application du système d'un juge *unique*, qui se rencontre dans le projet de loi.

Nous nous sommes expliqués sur les inconvénients de ce système. Ils s'aggravent encore quand il est appliqué aux cours d'assises.

En organisant les cours d'assises en 1808, le législateur s'était préoccupé de la nécessité d'obtenir

---

[1] La justice est rendue souverainement par les cours impériales. Art. 7, loi du 20 août 1810.

dans l'organisation nouvelle de la justice criminelle, l'équivalent des avantages procurés par l'organisation remplacée.

La cour d'assises, substituée au tribunal criminel, était une émanation de la cour impériale. Elle était présidée par un membre de cette cour, assisté d'ordinaire par quatre juges du tribunal de première instance du chef-lieu. Dans certaines circonstances un ou plusieurs membres de la cour impériale pouvaient être délégués pour composer la cour d'assises. L'augmentation de juges commandée par les hautes fonctions attribuées au tribunal, avait été inspirée aussi par le besoin de relever aux yeux des justiciables la juridiction criminelle que la composition trop circonscrite des tribunaux criminels avait dépouillés en grande partie de considération et de dignité. L'expérience enseignait que la justice même a besoin de ce prestige, de cet appareil, frivoles aux yeux des philosophes, mais puissants sur l'esprit et le cœur des hommes et qui les disposent au respect et à la subordination. Les rapports faits au corps législatif le font connaître.

On n'avait pas jugé alors que ce fût trop de cinq magistrats pour composer une cour appelée, durant les débats, à statuer sur des questions importantes de procédure criminelle, sur les intérêts si précieux de la défense, à maintenir l'ordre et le respect des lois, à lever les difficultés qui peuvent naître sur la position des questions soumises au jury et qui exercent souvent tant d'influence sur le sort des accusés, enfin sur l'application de la peine et sur l'appréciation des dommages-intérêts.

Depuis, le nombre des assesseurs du président d'assises a été réduit à deux. La faculté accordée à la cour d'arbitrer la peine au lieu de l'appliquer dans le cas où le jury déclare que le crime commis, l'a été avec des circonstances atténuantes, a néanmoins accru l'importance des fonctions de ces assesseurs. Nous pensons que leur nombre est réduit à son moindre terme.

L'isolement du président en face des jurés, d'une réunion souvent considérable d'accusés, des nombreux défenseurs qui se présentent pour les défendre, de la multitude quelquefois tumultueuse des assistants, a quelque chose d'inquiétant. Nous ne sommes pas accoutumés à voir sur le tribunal un seul individu représenter la justice du pays; le public ne l'est pas davantage. Nos formules les plus anciennes expriment toutes la pluralité. Le respect pour nous-mêmes, pour les autres, pour la nation dont nous faisons partie, ne nous permet pas d'admettre l'empire d'une volonté individuelle ; même sous la monarchie, le roi disait : *nous voulons et ordonnons.* En France, les pouvoirs n'agissaient, ou n'étaient censés agir qu'après délibération, raisons et parties entendues : ils étaient toujours réellement collectifs ou supposés tels.

Nous ne pouvons admettre que le jury de jugement résolve les questions de pénalité et de dommages-intérêts. Cette attribution qu'on lui donne, remet dans les mêmes mains, la solution des questions de fait et l'application de la loi. C'est la confusion complète du fait et du droit, c'est le renversement de tout ce qui a été obtenu par la révolution ; les jurys recueillent l'omnipo-

tence des parlements, et l'usurpation change de main,
seulement l'élément démocratique est subrogé à l'aristocratie monarchique.

Nous avons déjà indiqué les difficultés et les dangers
qui seraient la suite de l'appréciation des dommages-
intérêts par les jurés.

La dévolution faite aux jurés par le projet de loi de
la presque universalité de la justice criminelle, obli-
geait nécessairement ses auteurs à poser avec soin les
règles de l'organisation du jury.

Leur système est simple, mais est-il praticable ? est-
il admissible ?

Il nous est impossible de le reconnaître.

Selon le projet de loi, il est dressé annuellement dans
chaque département, une liste générale du jury, sur laquelle sont inscrits tous les Français jouissant des droits
civils et politiques, sauf les cas d'incapacité ou de dispense prévus par la loi.

Il est procédé pour la rédaction de cette liste, comme
pour la rédaction de la liste électorale.

Selon nous, cette assimilation repose sur une confusion de principes.

L'établissement du jury, en matière criminelle, est
la garantie la plus complète de la liberté individuelle
que l'homme puisse obtenir dans l'état de société ; elle
est la plus propre à attacher les citoyens aux lois et aux
institutions de la patrie, par la confiance qu'elle leur in-
spire dans l'impartialité des jugements criminels, et la
sécurité dont elle est le gage.

Le droit d'élire est la participation directe à l'exercice

de la souveraineté nationale réservée par la constitution à chaque citoyen actif.

Être juré et être électeur, sont deux qualités qui n'ont de commun entre elles que d'être réunies plus ou moins souvent sur les mêmes têtes.

Dans un pays où, comme dans le nôtre, le suffrage universel et direct est établi, tout citoyen ayant atteint l'âge indiqué par la loi et qui a le libre exercice de ses droits civils et politiques, est électeur de plein droit. On est électeur par droit de naissance ; on est nécessairement électeur toutes les fois qu'il y a des élections ; on peut s'abstenir d'exercer ses droits, mais on ne peut en être empêché. Toutes les fois que des élections sont ordonnées, les électeurs n'ont qu'à se présenter.

Il n'en est pas de même des jurés.

L'institution du jury résulte du droit qu'a tout citoyen français d'être jugé par ses pairs, c'est-à-dire par des citoyens comme lui, en matière criminelle. Ce droit entraîne un devoir corrélatif, une obligation plutôt qu'un droit politique. De ce que tout Français accusé a droit d'être jugé par des jurés, il suit que tout Français a le devoir, quand il en est requis, de remplir les fonctions de juré. Ce devoir peut être aussi considéré comme un droit, car ce serait contester son état civil et politique à un citoyen que de mettre obstacle à ce qu'il pût être appelé pour l'accomplir. Mais nul Français n'est juré de plein droit, il faut être appelé nominativement pour remplir les fonctions de jurés. Il peut se tenir bien des sessions d'assises sans qu'on y soit appelé, avant qu'on y soit appelé ; on peut ne jamais l'être, et jamais on ne peut manquer à l'appel impunément, si l'on

ne produit des excuses dont la légitimité doit être jugée.
Des peines sont portées contre les jurés qui ne comparaissent pas.

En deux mots, tout citoyen français est électeur, tout citoyen français peut être juré; il est en possession du droit d'élire, il n'a que l'aptitude à faire partie d'un jury, et l'obligation d'en remplir les fonctions quand il est appelé.

La première conséquence de ce qui précède, c'est qu'on doit dresser une liste générale des citoyens électeurs pour procéder aux élections, afin que tous connaissent les droits de chacun, que chacun puisse contrôler les droits de tous et maintenir ses propres droits; et qu'il n'est pas nécessaire de dresser une liste générale de tous les citoyens pour procéder à la formation des jurys; car il est évident pour tout le monde, que si tous les Français sont aptes à être jurés, il est un grand nombre de Français qui n'en sont pas capables.

La formation d'une liste de jurés doit donner autant que possible la garantie d'un jugement juste, éclairé et impartial; il faut donc n'y inscrire que des hommes probes, impartiaux et éclairés. Si la conséquence de l'institution du jury était de faire courir aux accusés la chance d'être jugés par des hommes qui ne réuniraient pas ces qualités, elle compromettrait la liberté, la vie et l'honneur des citoyens, elle menacerait le libre exercice de leurs droits au lieu de les garantir; elle mettrait en péril l'ordre public et la sûreté générale.

La désignation des jurés, ou pour parler plus exactement, la formation de la liste des jurés, ne peut donc avoir lieu d'après les mêmes règles qui régissent la formation de la liste électorale.

La liste des jurés est une liste d'éligibles et non une liste d'électeurs.

Les électeurs inscrits sur la liste élisent les fonctionnaires électifs.

Les jurés inscrits sur la liste sont appelés par le sort à exercer de délicates fonctions.

Il est évident que la liste des jurés ne peut pas être comme la liste des électeurs une liste uniquement donnée par l'âge et le domicile des citoyens.

Il faut qu'elle soit l'œuvre d'une première élection, soit par le sort, soit par le suffrage universel, d'une élection corrigée par l'élimination, ou d'une élection indirecte, d'une élection du second degré.

CHAZAL proposait de faire élire les jurés par le peuple ; mais l'élection des jurés ne pourrait avoir lieu que par scrutin de listes ; ces listes comprendraient une multitude de noms ; ces noms ne pourraient indiquer des hommes personnellement connus des électeurs ; l'élection ne serait pas sincère. Les listes seraient rédigées et colportées par des entrepreneurs d'élections ; elles seraient dictées par l'esprit de parti, par la passion, l'intérêt politique ou local. Comment une élection entachée de partialité pourrait-elle donner des jurés impartiaux ? comment une élection faite dans l'ignorance des qualités personnelles des candidats pourrait-elle garantir la probité, les bonnes mœurs, l'intelligence et les lumières des élus ?

Il est impossible de s'en rapporter au suffrage universel et à l'élection directe pour la formation de la liste des jurés.

Tirera-t-on au sort sur la liste électorale, et un

certain nombre de personnages élus à cette fin, corrigeront-ils les erreurs du sort en éliminant un certain nombre de ceux qu'il aurait appelés? Ce procédé serait bien compliqué, et puis le sort est si aveugle, que l'élimination pourrait être un moyen insuffisant pour remédier à ses erreurs ou à ses méfaits.

Reste l'élection du second degré.

Telle que serait l'élection par une commission cantonale, présidée par le membre du conseil général élu dans le canton, et qui choisirait sur la liste des électeurs du canton un nombre de jurés qui se combinant avec les électeurs indiqués dans les autres cantons, pourrait former un total de six cents jurés par département.

Il ne nous appartient pas d'improviser une loi. L'Assemblée nationale est saisie d'une proposition. Sa sagesse pourvoira aux nécessités reconnues. Nous avons voulu seulement énoncer les objections qui se sont présentées à nous quand nous avons examiné le § 4 du chap. ii du titre iv du projet de loi. (*)

Nous pensons en outre que les dispositions de l'ar-

(*) Plusieurs omissions importantes se sont glissées dans l'énumération des cas d'incapacités ; il conviendrait d'ajouter après le n° 3 de l'article 72, 4° *les interdits ou ceux qui sont dans les liens d'un conseil judiciaire ;* après le n° 7 actuel qui deviendrait le n° 8, 9° *ou pour délit d'habitude d'usure, banqueroute simple, fabrication de faux certificats ou falsification de certificats originairement véritables, dans les cas et de la manière déterminés par les art.* 159, 160, 161 *du Code pénal, ainsi que les condamnés placés par leur jugement de condamnation sous la surveillance de la haute police, ou interdits de tout ou partie de leurs droits civiques, civils ou de famille.* Si la loi future n'énonçait pas les incompatibilités, il serait nécessaire au moins que ceux qui dresseront les listes des jurés eussent égard à ces incapacités légales.

ticle 383 du Code d'instruction criminelle, doivent être maintenues.

Nous arrivons au titre v du projet de loi ; la matière en est importante. Il s'agit de la nomination des magistrats et de leur retraite, des conditions d'aptitude aux fonctions judiciaires et de l'exercice du pouvoir censorial et disciplinaire.

Nous nous sommes prononcés contre l'élection directe par le peuple des magistrats de l'ordre judiciaire ; nous pensons qu'il est préférable pour la bonté des choix et le meilleur recrutement des tribunaux, qu'ils ne reçoivent, qu'indirectement des citoyens, la puissance de juger et que leur nomination soit faite par le pouvoir exécutif.

Toutefois, il est nécessaire qu'en conférant au gouvernement le droit d'élire, parce qu'il réunit évidemment au plus haut degré les conditions désirables pour bien choisir, la loi règle l'exercice de ce droit.

Elle doit d'abord déterminer les conditions d'éligibilité, indiquer ensuite les moyens les plus convenables pour que la capacité relative des éligibles soit facilement appréciée, tracer enfin la marche que doivent suivre ceux qui aspirent aux fonctions judiciaires.

La première condition doit être la détermination de l'âge. Nous pensons que celles qui sont énoncées dans les art. 64 et 65 de la loi du 20 avril 1810 doivent être maintenues.

Le projet de loi ordonne la formation d'un tableau de candidatures dressé au commencement de chaque année par les tribunaux d'appel de chaque ressort ; —

Ces tableaux de candidatures devraient servir de liste de présentation pour toutes les places de juge de première instance et de substitut du procureur de la République, qui viendraient à vaquer dans le courant de l'année.

Ces tableaux seraient dressés à la diligence, d'abord, des juges des tribunaux de première instance, des membres du parquet près ces tribunaux et du conseil de l'ordre des avocats réunis dans une même assemblée. Ils seraient ensuite arrêtés par le tribunal d'appel réuni aux membres du parquet et au conseil de l'ordre des avocats. Lors des présentations spéciales qui auraient lieu à chaque vacance, les candidats seraient empruntés aux tableaux.

Au cas où il vaquerait un siége dans un tribunal de première instance, la présentation comprendrait un candidat désigné par le tribunal y compris les membres du parquet, et un second candidat choisi par le conseil de l'ordre des avocats et la chambre de discipline des avoués réunis.

Pour la nomination des juges d'appel, chaque tribunal de première instance du ressort réuni aux membres du parquet, au conseil de l'ordre des avocats et à la chambre de discipline des avoués, devrait désigner un candidat. Ces candidatures seraient soumises au tribunal d'appel qui, réuni à son tour au parquet, au conseil de l'ordre des avocats et à la chambre des avoués, désignerait aussi un candidat et joindrait ses observations à la liste des candidats présentés par les tribunaux du ressort.

Le gouvernement ne pourrait choisir qu'entre les

candidats ainsi présentés. *A égalité de mérite et de rang, il nommerait de préférence ceux qui auraient fait leurs études à l'aide de bourses données par l'État ou les départements.*

Les objections se présentent en foule contre un tel système.

Il est utile, il est nécessaire sans doute quand on confère au gouvernement un droit de nomination, de l'entourer des lumières qui peuvent l'aider à accomplir dignement et utilement la fonction dont il est investi. Mais il ne faut pas que les secours qu'on lui assure deviennent des entraves. S'il est bon qu'il choisisse, c'est à condition qu'il sera responsable de ses choix. Il faut éviter de dégager sa responsabilité en renfermant dans un cercle trop étroit l'exercice de son libre arbitre. La combinaison des candidatures, des présentations et du choix nécessaire d'un des candidats présentés, met trop à l'aise ceux qui présentent et celui qui choisit. Les présentateurs se reposent de la bonté du choix à faire sur l'électeur. L'électeur se justifie d'un choix malheureux par la gêne que lui faisaient éprouver des candidatures insuffisantes.

Il faut des présentations et des candidatures sans doute, mais elles ne doivent pas lier le gouvernement. Après qu'il les a pesées, il est utile qu'il puisse choisir ailleurs. Il doit lui être possible d'appeler l'homme de mérite frappé de prétérition par les présentateurs. Il ne peut être condamné à restreindre son choix parmi des médiocrités quelquefois si privilégiées dans le système des présentations collectives.

Au cas où il choisira hors des présentations, la responsabilité du choix doit retomber tout entière à sa charge. Il est nécessaire qu'il la prenne à son compte et que l'opinion publique qui doit contrôler les nominations, soit avertie de ce qui se passe.

Selon notre manière de voir, les tableaux de candidatures indiqués au projet, répondraient mal aux intentions de ses auteurs. D'abord, leur premier élément consisterait dans les noms des licenciés en droit, qui en se présentant pour faire leur stage, déclareraient vouloir entrer dans la magistrature. Cette base nous semble vicieuse et inadmissible. C'est par leur travail assidu, c'est par leur bonne conduite que les jeunes gens qui se destinent à la magistrature, doivent manifester leur vocation. Ils doivent chercher à se rendre dignes d'être choisis et non s'afficher en candidats ou plutôt en solliciteurs officiels.

Nous pensons qu'il convient de substituer aux tableaux de candidature, le tableau des conditions d'aptitude qui peuvent rendre éligible aux fonctions de l'ordre judiciaire. La première partie de ce tableau comprendrait les conditions qui résultent de l'exercice des professions d'avocat ou d'avoué, de l'exercice des fonctions judiciaires et du grade de docteur en droit et des succès obtenus dans les concours des facultés de droit ; la seconde partie, indiquerait aux jeunes aspirants à la magistrature une voie qui pourrait leur en faciliter l'accès ; elle leur ferait connaître au prix de quelles études, sérieuses ils pourraient obtenir l'abréviation des différents stages ou noviciats exigés de ceux qui sont présentés pour des fonctions judiciaires.

C'est ainsi que deux années d'exercice de la profession d'avocat pourraient leur être remises, s'ils étaient docteurs en droit, et trois s'ils devenaient lauréats dans une faculté de droit. — L'entière dispense des cinq années pourrait même leur être accordée, s'ils se présentaient devant un jury pour être examinés sur toutes les parties de la science du magistrat, et s'ils obtenaient de ce jury un diplôme d'aptitude aux fonctions judiciaires.

Nous avons pensé en effet qu'au delà des programmes des facultés de droit, des épreuves plus étendues et plus nombreuses devaient être imposées à ceux qui se destinent spécialement à la magistrature. L'établissement des cours préparatoires déjà réclamé en 1841 par la Cour de cassation, nous paraît d'une indispensable nécessité.— A défaut de ces cours, ou tout au moins jusqu'à ce qu'ils aient été créés, un programme d'études spéciales devrait être l'œuvre d'une commission instituée par le ministre de l'instruction publique pour que les jeunes gens eussent la faculté de se préparer, en leur particulier, à subir un examen sur les diverses parties de la science.

En effet, ce n'est qu'à la longue, et après bien des tâtonnements, qu'un jeune magistrat qui n'a point été préparé à l'exercice de ses fonctions par un enseignement ou un noviciat spécial, acquiert la connaissance réelle, et l'on peut presque dire, la conscience de son état. Les études qu'on exigerait d'un aspirant à la magistrature auraient pour objet de lui donner une sorte d'expérience anticipée, et de le préparer plus particulièrement aux fonctions qu'il va remplir.

Serait-ce trop demander que d'exiger qu'il s'informât de l'histoire des institutions judiciaires de son pays, et qu'il apprît à les comparer avec les institutions des autres États ? Qu'il s'inspirât de la vie des grands magistrats dont la France s'honore, afin d'avoir toujours présents à l'esprit leurs magnifiques exemples ? que nourri des principes du droit des gens, il envisageât cette science de la loi des nations dans ses rapports avec l'administration de la justice, et qu'avant de faire de la jurisprudence, il remontât jusqu'à la philosophie du droit, s'enquît du véritable esprit des lois et suivît leur filiation dans les écrits de ceux qui parmi nos publicistes ont le plus tenu compte des progrès de la raison publique.

La magistrature est solidaire et elle emprunte son autorité morale à la fidélité qu'apporte chacun de ses membres à l'accomplissement de ses devoirs. Il est des obligations attachées à l'exercice de chaque office qu'il n'est pas permis aux magistrats d'ignorer. — Chaque fonction d'officier du ministère public, de juge, de juge d'instruction, de président d'un tribunal, de président d'assises, a les siennes. Il serait désirable qu'elles fussent connues à l'avance et que la pratique qui enseigne lentement et tard n'en conférât pas seule la connaissance.

Les diverses fonctions de l'administration de la justice civile et criminelle doivent être considérées sous des points de vue distincts.

La justice civile n'est pas seulement appelée à résoudre des points de droit ; elle l'est encore, comme la justice criminelle, à peser des témoignages, à rapprocher des faits, à rechercher des indices, à les discuter, à apprécier leur valeur qui varie elle-même selon l'âge,

le sexe , l'intérêt personnel, les lieux et une foule de
circonstances; il faut qu'elle attribue à chaque preuve
le caractère qui la distingue, et le degré de confiance
qu'elle mérite.

De l'interrogatoire des parties et des témoins, dans
les causes civiles, comme de l'interrogatoire des témoins,
des prévenus et des accusés en matière criminelle, la
vérité doit jaillir sans effort : le magistrat doit soigneusement éviter tout ce qui pourrait dégénérer en torture
morale, en insidieuse inquisition. Le tact ne s'apprend
pas, mais une sage réserve, une heureuse alliance de
bienveillance et d'habileté dans le langage peuvent
s'acquérir.

Les rapports avec l'administration et les fonctionnaires de tous les ordres sont fréquents. — La connaissance exacte des attributions respectives de ceux-
ci peut seule éviter des conflits qui jettent la mésin-
telligence, entre des pouvoirs dont l'action ne peut être
utilement exercée, qu'autant qu'ils marchent d'accord
et qu'ils tendent au même but.

Enfin pour la magistrature assise, comme pour le
ministère public, il est un art dont la culture importe
à leur dignité et dont l'heureux emploi est le plus bel
ornement des solennités de la justice. — C'est quelquefois pour avoir méconnu les convenances de l'art ora-
toire appliqué à chaque nature de fonction, que des
magistrats d'ailleurs très-distingués, sont restés quelquefois au-dessous et d'autres fois sont allés au delà de ce
que permettaient, de ce que prescrivaient la nature et les
devoirs de leur charge.

Ainsi, l'éloquence change de caractère avec les positions : les officiers du ministère public ne peuvent pas parler le même langage que les orateurs du barreau ; les mouvements passionnés, permis, commandés à ceux-ci, sont interdits aux autres ; l'organe de la loi est tenu de se souvenir toujours qu'il est impassible comme elle, qu'il ne peut s'enflammer que pour le maintien des mœurs, des lois, de l'ordre public, et qu'il lui est interdit de s'abandonner, sans réserve, aux inspirations de ces haines vigoureuses que, le crime ou la mauvaise foi, inspirent à la vertu. Le langage des présidents d'assises doit être encore plus mesuré ; leur éloquence, si l'on peut se servir de ce mot en parlant de leur résumé, c'est la clarté, la netteté, la concision, la simplicité ; ils ne doivent rien négliger de ce qui éclaire, et, se refuser à tout ce qui pourrait échauffer ou émouvoir.

Il n'est pas enfin jusqu'à la rédaction des jugements qui n'ait aussi ses règles. La déclaration du principe de droit qui est le fondement de l'arrêt, la détermination exacte et circonstanciée de l'espèce, l'application logique de la loi à l'espèce, le tout exprimé sans ambiguïté, en termes impératifs : tels sont les caractères principaux du style des arrêts.

Tel est aussi l'aperçu rapide des connaissances qui peuvent être considérées comme constitutives de la science du magistrat.

Nous pouvons résumer notre proposition ainsi qu'il suit :

Nul ne pourra être nommé juge ou juge suppléant d'un tribunal de première instance, s'il n'a exercé la profession d'avocat pendant cinq ans au moins, à dater de son inscription au tableau ;

Ou, si étant licencié, il n'a exercé pendant dix ans la profession d'avoué ;

Ou s'il n'a été substitut d'un procureur de la République pendant deux ans , ou juge de paix licencié pendant cinq ;

Ou s'il n'est docteur en droit après trois ans d'inscription au tableau des avocats ;

Ou s'il n'est lauréat d'une faculté de droit, après deux ans d'inscription au tableau, ou après cinq ans de postulation comme avoué ;

Ou, enfin, si, après avoir terminé son stage, il n'a subi un examen sur toutes les parties de la science du magistrat, devant un jury réuni à cet effet, au chef-lieu de la cour d'appel, et s'il n'a obtenu de lui un diplôme d'aptitude aux fonctions judiciaires.

Le jury d'examen sera composé de magistrats de la cour, de professeurs et du bâtonnier de l'ordre des avocats. Les épreuves dureront plusieurs jours, elles seront à la fois orales et écrites.

Nul ne pourra être nommé conseiller de cour d'appel, s'il n'a rempli pendant deux ans les fonctions d'avocat général, ou de substitut du procureur général, ou pendant cinq ans celles de juge ou de procureur de la République d'un tribunal de première instance , ou s'il n'a, pendant dix ans au moins, exercé la profession d'avocat.

Nous sommes d'avis qu'à chaque vacance d'une place de juge, deux candidats soient proposés au premier président et au procureur général du ressort. Le premier par les membres du tribunal qu'il s'agira de compléter.... le second, par le conseil de l'ordre des avocats près ce tribunal.

Les chefs de la magistrature du ressort transmet-
tront les propositions au ministre de la justice, avec leur
avis et leur présentation.

Quand il viendra à vaquer un siége au tribunal d'appel, le premier président et le procureur général pré-
senteront seuls, chacun trois candidats.

Quand le gouvernement choisira l'un des candidats
présentés, l'acte de présentation sera visé dans l'acte de
nomination.

Le gouvernement pourra choisir également parmi
tous les individus réunissant les conditions prescrites
par la loi ; alors l'acte de nomination ne portera aucun
visa.

En cas de vacance d'une justice de paix, il sera procédé comme en cas de vacance d'une place de juge de
première instance.

Les motifs qui déterminent la Cour de cassation à
préférer à toutes les autres les présentations des chefs
des tribunaux d'appel, sont la difficulté d'y substituer
d'autres présentations qui offrent quelque garantie et
quelque responsabilité sérieuse, c'est la nécessité d'ob-
vier à l'inconvénient des brigues, des complaisances,
des influences politiques.

Les présentations par les compagnies sont fécondes
en inconvénients et en abus. Ces abus et ces inconvénients sont évidents et n'ont pas besoin de développement. Si les compagnies deviennent des corps électo-
raux, la paix et l'union en seront bannies : elles se divi-
seront en fractions et en coteries. Les justiciables et les
juges pourront en souffrir. Chercher un correctif à ces
inconvénients en associant les avocats et les avoués

réunis aux juges, en une même assemblée, c'est ac-
croître le mal loin de le guérir. Cette fusion des magistrats et des officiers ministériels produirait une véritable confusion ; elle déplacerait les rangs, et pourrait
faire subir aux magistrats qui ambitionneraient de l'a-
vancement pour eux ou pour les leurs, des influences
qui les dégraderaient et compromettraient leur indépendance.

Nous nous sommes expliqués sur l'élection.

C'est avec un étonnement douloureux que nous avons
rencontré dans le projet de loi l'établissement d'un privilége, et d'un privilége personnel.

Autrefois on considérait comme un motif de recommandation pour l'élection d'un juge, toutes choses égales d'ailleurs, la possession d'un patrimoine qui le mît
au-dessus du besoin et servît de cautionnement à son
indépendance.

Peut-être ce motif, nous ne dirons pas de préférence,
mais de recommandation, n'a-t-il pas perdu, de nos
jours, toute sa valeur, et l'alliance du *marc d'argent*
et du *marc de lumières* aurait-elle encore son bon
côté? Mais, sans insister sur ce point, il nous est impossible de ne pas protester contre l'introduction,
dans la loi, du principe contraire. On propose de déclarer que, toutes choses égales d'ailleurs, le candidat
présenté pour une place de juge sera nécessairement
préféré parce qu'il manquera de fortune et sera privé
de propriété; ce précédent déplorable tendrait à amener, au bout d'un certain temps, une inique composition des tribunaux. Que l'égalité soit complète entre
tous ; que la préférence, à parité de rang et de

mérite, ne soit jamais donnée au riche uniquement parce qu'il est riche, soit ; mais qu'elle ne soit pas nécessairement acquise à celui qu'un lien de moins attache à la patrie. Il est triste qu'on ait porté jusque dans un projet de loi d'organisation judiciaire ces questions brûlantes qui mettent l'ordre social en danger et menacent la civilisation. Il y a, hors de ces matières, assez d'espace pour les agiter.

L'article 95 porte que *le gouvernement pourra changer les magistrats de siége avec leur consentement.* Nous proposons de dire la même chose en d'autres termes : *Le gouvernement ne pourra changer les magistrats de siége qu'avec leur consentement.* Ce changement, minutieux en apparence, nous paraît nécessaire pour mettre le langage de la loi en harmonie avec les principes, ce qui est toujours un grand bien.

L'article 96 attribue aux juges de première instance le droit de choisir entre eux le président du tribunal, et aux juges d'appel celui de choisir leur premier président. L'opinion de la Cour de cassation est que la nomination des présidents des tribunaux de première instance, des présidents de chambres et des premiers présidents des cours d'appel soit dévolue au gouvernement. Les présidents et le gouvernement y gagneront en dignité ; et les tribunaux, qui n'y perdront rien en indépendance, seront préservés des divisions intestines que ces élections ne manqueraient pas d'occasionner.

Nous pensons que les présidents et les vice-présidents des tribunaux d'appel doivent garder le titre de *premiers présidents* et de *présidents* dont ils sont en possession. Nous n'avons pas besoin de répéter ici les motifs de cette opinion déjà exprimée à l'occasion des dénominations de *cour* et de *conseillers*.

Aux termes de l'article 100, le gouvernement choisit indistinctement les magistrats du ministère public soit parmi les membres de la magistrature, *soit parmi les membres du barreau*, sans conditions pour ces derniers. Nous croyons utile qu'on insère dans la loi ces mots : *inscrits au tableau*. Le motif de cet amendement n'a pas besoin d'être développé. Nous trouvons parfaitement convenable que tout avocat puisse être appelé aux fonctions du ministère public ; mais encore faut-il que ce soit un avocat.

Nous ne pouvons admettre la règle introduite par l'article 102.

Il ne doit y avoir rien de facultatif ni d'arbitraire en ce qui concerne l'état des juges. De telles dispositions sont contraires au principe de l'inamovibilité. Il vaudrait mieux déclarer par la loi qu'à l'âge de soixante-dix ans accomplis, tout juge sera mis à la retraite, que de donner au gouvernement la faculté de l'y mettre par un simple arrêté. Les magistrats qui approcheront de l'âge fatal perdront, chaque année quelque chose de l'opinion qu'on a de leur indépendance. Ils se trouveront dans une position analogue à celle des juges nommés à temps. Position équivoque dont MERLIN a si bien relevé les inconvénients. L'autorité des jugements et des arrêts auxquels ces magistrats concourront en sera affaiblie. On ne saurait, surtout de nos jours, éviter avec trop de soin tout ce qui peut porter atteinte à la force de la chose jugée.

Craint-on que le service en souffre? Redoute-t-on les tristes suites de la caducité des magistrats?

Mais la loi du 10 juin 1824 y a pourvu. Si l'on alléguait sa fréquente inexécution, nous répondrions que les lois ne sont pas évidemment insuffisantes parce qu'elles sont mal exécutées ou inexécutées. Leur inexécution ou leur mauvaise exécution est le fait du pouvoir exécutif. La loi du 10 juin 1824 suffit à tous les besoins; on n'a qu'à tenir la main à son exécution. La complaisance et les sollicitations qui l'ont paralysée, peut-être, ne seraient pas moins puissantes contre la loi nouvelle. Celle-ci ne serait ni plus ni moins efficace et de plus elle serait mauvaise dans son principe et dans ses conséquences inévitables. Nous devons ajouter que la loi de 1824 n'a pas laissé que de produire de bons effets. Elle a souvent mis les chefs des compagnies en position d'obtenir des demandes de retraite, qui n'auraient jamais été formées sans elle. Le bien se fait ainsi sans blesser personne. Il se fait sans bruit, et en pareille matière, le silence est lui-même un bien.

En ce qui concerne la Cour de cassation, nous avons à dire qu'une disposition qui en aurait exclu les magistrats septuagénaires, aurait été une véritable calamité. Les magistrats les plus vénérables, les plus savants, ceux qui l'ont le plus honorée, ont dépassé de beaucoup l'âge de soixante-dix ans, dans l'exercice de leurs fonctions, et n'ont jamais rendu de meilleurs services ni mieux appréciés du public. Henrion de Pansey était plus que septuagénaire quand il fut appelé à la première présidence, aux acclamations du public, du barreau et de la magistrature. Il ne faut pas perdre de vue que la Cour de cassation quoique la loi n'exige que l'âge de trente ans pour y être appelé, ne se recrute habituellement que de magistrats beaucoup plus âgés. Il n'est pas rare qu'ils y arrivent après cinquante et même soixante ans ; et quel que soit le mérite des nouveaux venus, ce n'est qu'au bout d'un certain temps qu'ils complètent leur expérience et deviennent des magistrats achevés. Il n'y a donc point d'utilité, il y a dommage à les mettre en suspicion légitime à l'âge de soixante-dix ans.

L'art. 103 du projet reproduit les termes de l'art. 18 de la loi du 20 avril 1810 ; il déclare que tout juge qui se trouvera sous les liens d'un mandat d'arrêt, de dépôt ou d'une ordonnance de prise de corps, ou d'une condamnation correctionnelle, même frappée d'appel ; sera provisoirement suspendu de ses fonctions.

Mais il ajoute que cette suspension sera prononcée par le ministre de la justice.

On ne saurait approuver cette disposition finale. Si la suspension doit nécessairement être prononcée par le ministre comme résultant d'une incapacité actuelle, elle est inutile. Elle est inacceptable, si l'on entend conserver au ministre la faculté de ne pas prononcer la suspension au cas prévu par l'article. La suspension est de plein droit, elle n'a pas besoin d'être prononcée, elle résulte du mandat, de l'ordonnance de prise de corps ou de la condamnation. Un juge ne peut monter sur son siége quand il est légalement privé de sa liberté ou atteint, dans sa considération et peut-être dans son honneur et dans sa probité, par un jugement.

L'art. 103 ne saurait donc être adopté.

L'art. 104 est impératif.

Il prescrit d'une manière péremptoire au ministre de la justice de déférer à la Cour de cassation, tout juge condamné pour un délit de nature à entraîner la peine de l'emprisonnement ou qui se sera écarté des devoirs de son état, ou qui aura compromis l'honneur et la dignité de ses fonctions par sa conduite, sa négligence ou son incapacité.

Il nous semble que cette disposition doit être divisée. Il n'y a nul inconvénient, il est même dans l'intérêt de la magistrature, que tout juge condamné à l'emprisonnement soit nécessairement déféré à la Cour de cassation. Le juge qui a été convaincu d'un délit grave, s'est fait une position non équivoque et sur laquelle il n'y a pas lieu à délibérer par le ministre. Il en est autrement quand il ne s'agit que d'une faute; la faute peut être plus ou moins lourde. Elle peut ne pas mériter une répression solennelle. Le défaut de dignité et la négligence, quand ils ne dégénèrent pas en habitnde, sont moins graves que l'infidélité aux devoirs de son état ou le manquement à l'honneur. Dans l'état actuel des choses, le ministre a la faculté d'avertir lui-même le magistrat qui s'oublie et qui conserve mal le caractère honorable dont il est revêtu. Il peut même le mander auprès de lui pour rendre compte de sa conduite. Ce droit de censure convient au fonctionnaire placé à la tête de la magistrature par le rang élevé qu'il occupe parmi les dépositaires du pouvoir exécutif.

Quand même le ministre de la justice ne conserverait pas cette attribution censoriale, il ne devrait pas être contraint de déférer un juge à la Cour de cassation, dans tous les cas indiqués et non définis dans l'art. 102.

Nous ne saurions admettre comment on pourrait traduire un magistrat en justice, même disciplinaire, pour fait d'incapacité. Son incapacité serait le délit de celui qui l'aurait nommé. L'incapacité est un défaut, un défaut très-grave, sans doute ; elle n'est point une faute.

L'art. 105 appelle de plus sérieuses observations.

Le système des dispositions relatives à la discipline des cours et tribunaux est, dans l'état actuel de la législation , en parfaite harmonie avec la hiérarchie et l'organisation judiciaire.

Le ministre de la justice a recueilli l'héritage du grand juge, institué par le sénatus-consulte de l'an x. Ce haut fonctionnaire était personnellement investi du droit de censure et de la juridiction disciplinaire. Les articles 48 et suivants de la loi du 20 avril 1810 réglaient l'exercice de son pouvoir censorial ; il ne pouvait exercer la juridiction qu'avec l'assistance de la Cour de cassation , qu'il venait présider à cet effet.

Depuis 1830 , le ministre de la justice a cessé de venir présider la Cour de cassation.

Sentinelles avancées des corps dont la direction leur est remise, les présidents ont le droit de rappeler à l'ordre et aux convenances, par un avertissement paternel , les membres de ces corps qui s'en écarteraient. Si l'avertissement reste sans effet , les tribunaux de première instance peuvent censurer et même réprimander le juge averti. Les cours d'appel peuvent exercer elles-mêmes, sur les membres de ces tribunaux, comme sur leurs propres membres, ce pouvoir censorial et disciplinaire. Ainsi se trouve organisé de tout point un système de correction intérieure, domestique, paternelle, *domestica castigatio*, qui contient, prévient ot réprime sans éclat et sans scandale, et qui constitue chaque tribunal le gardien et le conservateur de son propre honneur et de sa dignité.

Les présidents des tribunaux et les premiers présidents des cours, les tribunaux et les cours elles-mêmes sont dépouillés de leur pouvoir censorial par le projet de loi. Il est attribué sans partage au tribunal de cassation et concentré entre ses mains. Cette innovation affaiblit l'autorité si nécessaire des présidents, auxquels la police de l'audience appartient ; elle relâche les liens qui unissent les tribunaux aux tribunaux ; elle est éversive du principe de la hiérarchie et de la subordination indispensable dans tous les corps si l'on veut y maintenir la règle et la bonne harmonie ; elle est contraire à l'intérêt bien entendu des magistrats et compromet la dignité de la magistrature. La simple citation à la barre du tribunal de cassation est à elle seule une peine grave, une note défavorable qui s'attachera d'une manière indélébile au nom du magistrat menacé. L'éclat d'une citation semblable est toujours un sujet d'affliction pour la magistrature tout entière. Il nous semble qu'il est important de conserver à la Cour de cassation la part de juridiction disciplinaire dont elle est actuellement en possession ; aussi cela nous paraît suffisant.

En supprimant l'avertissement du président et la réprimande des corps, il faudra donc qu'un juge soit déféré à la Cour de cassation pour toutes les fautes et tous les manquements indiqués dans l'art. 104. Le nombre de ces citations, la gravité de leur qualification qui pourra

n'être pas toujours en rapport avec la réalité des faits,
porteront à la considération et à la dignité du corps judiciaire, une atteinte irréparable. Le public, qui secoue
volontiers le joug du respect, rendra l'ordre judiciaire
solidairement responsable de la moindre faute d'un de
ses membres. La crainte de ce danger, le désir de le prévenir produiront peut-être un plus grand mal : l'impunité dans tous les cas. Faute d'un moyen de répression
proportionné au manquement, d'une correction qui
puisse être infligée sans bruit et subie sans déconsidé-
ration, on fermera les yeux sur des désordres qui se
multiplieront, à cause de la solennité qu'on attache à
leur poursuite, et, de la rigueur même qu'on veut mettre
à les punir.

La Cour de cassation pense qu'il serait plus expédient
de laisser aux chefs de corps leur autorité intacte et de
confier aux tribunaux d'appel le droit de surveillance
et de censure sur les tribunaux inférieurs. Il serait plus
convenablement et plus sûrement exercé par des compagnies nombreuses, d'un rang plus élevé et parfaitement étrangères à l'esprit de coterie locale qui, dans
les tribunaux inférieurs, peut faire dégénérer l'exercice d'une censure légale en tracasseries et en vexations.

Nous le disons à regret, le projet de loi ne répond
point à nos espérances. — Il serait loin de garantir à
nos institutions judiciaires les conditions qui seules
peuvent assurer le libre exercice de leurs fonctions; il
ne procurerait à la puissance de juger ni l'indépendance,
ni l'impartialité, ni les lumières dont elle a besoin.
L'ordre judiciaire, tel qu'il le reproduit, perdrait son

unité, sa dignité, sa hiérarchie, sa solidarité ; épars et divisé il représenterait très-imparfaitement l'un des trois grands pouvoirs publics entre lesquels se répartit l'exercice de la souveraineté. Il ne serait plus la représentation nationale judiciaire.

Un esprit de défiance pour l'institution se reproduit dans toutes les parties du projet. Cette défiance bien naturelle — en 1789 — est sans fondement aujourd'hui. Aujourd'hui que toute justice émane de la loi et que la loi émane du peuple. Aujourd'hui que l'ordre judiciaire n'a plus d'intérêt propre et distinct de l'intérêt général, qu'il n'est institué que pour le maintien et le triomphe du droit commun , qu'il n'est une institution politique qu'en tant que pouvoir public, chargé en l'acquit de l'État , de distribuer la justice.

La puissance des parlements, l'abus qu'ils en avaient fait quelquefois, leur opposition hostile et déclarée à la révolution à laquelle ils avaient ouvert la voie , expliquent les défiances de l'Assemblée constituante. Sa tâche était de renfermer les tribunaux dans les limites de la compétence judiciaire. Elle croyait sans cesse voir se dresser devant elle l'ombre de ces grands corps prêts à renouveler leurs entreprises sur le domaine de la politique. Les ressentiments qu'on garderait aujourd'hui contre les tribunaux parce qu'ils auraient fait exécuter avec fidélité des lois qui réprimaient la veille ce qui devait triompher le lendemain, seraient injustes : ils seraient impolitiques. Injustes, parce que les tribunaux actuels n'ont fait que leur devoir ; qu'ils avaient mission d'appliquer les lois et non de les juger, de maintenir l'ordre civil et politique qu'elles avaient établi. Ces ressentiments seraient impolitiques, parce qu'ils pourraient induire en erreur les tribunaux futurs, les amener à interroger les lois sur leur principe avant de les exécuter, et à ne les appliquer que selon la tendance de leurs propres opinions, au lieu de se conformer dans leur application, avec une religieuse soumission, à l'esprit qui les a dictées. Nous sommes trop près de l'anarchie pour ne pas redouter tout ce qui donnerait une impulsion semblable à l'ordre judiciaire.

Les dispositions du projet de loi sont conformes à son esprit. Il supprime un grand nombre de tribunaux et plusieurs cours d'appel : il réduit sans mesure le nombre des juges dans les tribunaux qu'il laisse subsister. Trois fois il remplace par un juge unique des tribunaux de plusieurs juges. Il abolit les dénominations, signes extérieurs et sensibles des degrés de la hiérarchie, signes d'honneur et de dignité qui décorent les compagnies judiciaires et les chefs de ces compagnies, et par ce nivellement inopportun ébranle le principe de la subordination. Il détruit l'unité et la centralisation du ministère public, divise l'action de la vindicte publique ; et, en l'éparpillant, la dépouille de son énergie et de son activité. Il prive les procureurs généraux de leurs substituts immédiats. Il dépouille les juges sédentaires de la plus grande partie de la juridiction civile, de la totalité de la juridiction correctionnelle et des fonctions importantes que nos lois leur avaient réservées dans la juridiction criminelle. Il tend à l'établissement du jury civil : Il crée un jury correctionnel, et il étend outre mesure les attributions du jury du grand criminel, transportant ainsi à de simples citoyens, les attributions que l'intérêt public et privé commandent également de conférer à des magistrats. Il destitue les cours d'assises de l'appareil et de la dignité extérieure qui résultent de la qualité et du nombre de ses membres. Il met dans la main du gouvernement le sort et l'état de tous les magistrats âgés de plus de soixante-dix ans. Il supprime la juridiction disciplinaire des tribunaux et des cours d'appel sur leurs membres.

Il est évident que ces dispositions ne peuvent constituer les institutions judiciaires d'une manière conforme à leur nature et à la fonction qu'elles ont à remplir, et qu'elles ont pour effet inévitable de les dénaturer et de les affaiblir.

Dans un pays de liberté, sous la souveraineté des lois, dont il est le gardien et le ministre, l'ordre judiciaire doit être fortement constitué. Dans un tel pays, loin d'être un instrument dans les mains du pouvoir, il lui sert souvent de barrière : les Américains n'ont pas craint de confier à leurs tribunaux un immense pouvoir politique. Ils protégent également la constitution contre les entreprises des assemblées législatives et les citoyens contre celles du gouvernement.

Dans un pays d'égalité, les institutions seules s'élèvent au-dessus du niveau commun ; mais il importe qu'elles conservent leur supériorité ; car au milieu de cette multitude innombrable d'individus parfaitement égaux, il faut, comme au sein d'une mer immense, des phares qui signalent les écueils et qui indiquent la route qu'il faut suivre. Les corps constitués sont ces phares lumineux et tutélaires qui rallient les citoyens, et les guident dans la voie salutaire de l'ordre dans la liberté.

Nous touchons au terme d'une tâche laborieuse.

Nous l'avons accomplie avec un parfait désintéressement et une complète abnégation de nous-même. Nous avons délibéré, nous opinons comme auraient pu le faire des hommes, des magistrats d'un autre temps et d'un autre pays ; nous n'avons qu'une pensée, le salut de la patrie. Nous ne formons qu'un vœu, la conservation des institutions que nous croyons appropriées à ses besoins, qui ont fait sa force et sa gloire, et qui peuvent perpétuer en France le règne du droit et de la justice. Nous avons la ferme confiance que des magistrats dignes d'elle et de leur haute et majestueuse vocation, ne manqueront jamais à la France.

9 782016 146408